Margarete Schuler · Stephanie Harrer
Grundlagen der Schauspielkunst

Wir widmen dieses Buch einer
großen Lehrerin, unserer gemeinsamen
Professorin Veronika Drogi.
Die Autorinnen

Margarete Schuler · Stephanie Harrer

Grundlagen der Schauspielkunst

HENSCHEL

Bibliografische Information der Deutschen Nationalbibliothek
Die Deutsche Bibliothek verzeichnet diese Publikation in der Deutschen Nationalbibliografie; detaillierte bibliografische Daten sind im Internet über http://dnb.ddb.de abrufbar.

ISBN 978-3-89487-695-1

in der E. A. Seemann Henschel GmbH & Co. KG, Leipzig
Lektorat: Anja Herrling
Umschlaggestaltung: Ingo Scheffler, Berlin
Gestaltung und Satz: Das Herstellungsbüro, Hamburg
Titelbild: Lisa Guth (Mitte) und Rosa Marie Tietjen (rechts) in »Verführbarkeit auf beiden Seiten« am bat Studiotheater der HfS »Ernst Busch« Berlin, 2009. © Charlotte Burchard, dogsdoor.de
Fotos im Innenteil: © Stephanie Harrer
Druck und Bindung: Multiprint Ltd.
Printed in the EU

www.henschel-verlag.de

Inhalt

Vorwort

»Der Anfang ist doch immer das Schönste.«
JEAN ANOUILH, »JEANNE ODER DIE LERCHE«

Auch in diesem Buch geht es um einen Anfang. Den Start in einen Beruf, der nach wie vor Faszination ausübt: die Schauspielerei. Aber ist sie überhaupt erlernbar? Ist dieser Beruf nicht etwas, was einem Menschen in die Wiege gelegt sein muss? Kann man Kunst lernen?

Ja, das kann man. Aber um seriös und langfristig schöpferisch im Schauspielerberuf arbeiten zu können, braucht man eine Ausbildung. Denn ohne die Beherrschung grundlegender methodischer Mittel verschleißt auch das beste Material.

Die Schauspielmethode, um die es in diesem Buch geht, und ihre Didaktik wurden an der Hochschule für Schauspielkunst »Ernst Busch« Berlin von Professor Rudolf Penka aus den Arbeitsansätzen Bertolt Brechts und Konstantin S. Stanislawskis synthetisiert. Professorin Veronika Drogi hat diesen Ansatz dann modifiziert und weiterentwickelt. Wir haben unser Handwerk von ihr gelernt und tun nun das Unsere dazu, diese Methode, zu der wir uns – in Kenntnis vieler anderer möglicher Wege – entschieden haben, an die heutigen Erfordernisse anzupassen.

In dem ebenfalls im Henschel Verlag erschienenen Titel »ABC des Schauspielens« von Gerhard Ebert (3. Auflage 2010) wird diese Methode im Ganzen ausführlich beschrieben. In dem vorliegenden Buch widmen wir uns ausschließlich einer einzigen, besonders wichtigen Phase der Ausbildung, vielleicht sogar der wichtigsten: den Grundlagen der Schauspielkunst.

Nach theoretischen Erläuterungen und einem ausführlichen Übungsteil lassen wir Theaterschaffende und Pädagogen auch anderer Methodiken über die Grundlagenausbildung zu Wort kommen.

Margarete Schuler und Stephanie Harrer
im Februar 2011

Kleine Anleitung zur Handhabung

Wir wenden uns an alle, die sich für den Beruf des Schauspielers interessieren und sich ein umfassendes Bild über die ersten Schritte in der Ausbildung machen möchten. Dieses Buch ist eine Einführung und eine differenzierte Beschreibung des ersten Studienjahres von Schauspielstudenten. Veranschaulicht werden die einzelnen Lernphasen bis hin zu dem Moment, in dem mit Autorentext gearbeitet werden kann. Denn dann werden die in der Improvisation, dem wesentlichen schauspielerischen Schöpfungsakt, erfahrenen und von diesen Erfahrungen abstrahierten Kategorien wie *Situation, Vorgang, Haltung, Untertext* usf. auf den literarischen Text angewandt.

Das Buch ist gedacht für:

... alle, die Schauspieler werden wollen und keine Vorstellung haben, was sie in der Ausbildung eigentlich erwartet.

... Schauspielpädagogen, die sich mit den Grundlagen der Schauspielkunst beschäftigen.

... alle, die sich ein genaueres Bild machen möchten, was den Weg zum Schauspieler ausmacht.

... Schauspielstudierende, die sich selbstständig weiterbilden möchten und neugierig auf bereits bekannte oder neue Wege sind.

... alle, die sich nicht vorstellen können, dass ein künstlerischer Beruf tatsächlich erlernbar ist.

Neben einer ausführlichen Beschreibung der Bedeutung der Grundlagen und der einzelnen differenzierten Themen gibt es einen großen Praxisteil, der einerseits für Lehrende als Anregung, andererseits für Lernende zum eigenständigen Üben, Vertiefen und Nachlesen gedacht ist. Dieses Buch soll also auch eine Verführung zum selbstständigen Arbeiten sein, weil dies genauso wie lebenslanges Lernen Grundvoraussetzung für das Ausüben des Schauspielerberufs ist. Wir sind der Überzeugung, dass schauspielerisch-schöpferische Intuition nur auf der Basis von Wissen entstehen kann, wenn also die Struktur dafür vorhanden ist. In der eigenen Persönlichkeit angelegte Fähigkeiten werden daher im Studium und darüber hinaus zu Fertigkeiten ausformuliert und damit zu abrufbarem Handwerkszeug, das dem Talent zum Ausdruck verhilft.

»Ohne Untersuchen der elementaren Strukturen keine Erkenntnis.« (Gerhard Ebert) Angesichts der Fülle an Literatur über Theatermethoden bietet dieses Buch eine Beschreibung und einen Übungskatalog, die Klarheit und Struktur in die Grundlagenarbeit bringen möchten. Es ist absolut möglich und sogar sinnvoll, sich beim Lesen dieses Buches von seinen Interessen leiten zu lassen. Der Leser kann durchaus mit dem Übungsteil oder einzelnen Übungsbereichen beginnen statt mit den theoretischen Auseinandersetzungen, weil alle Bereiche des Buches sich schlussendlich aufeinander beziehen. Egal, mit welchem Teil des Puzzles man beginnt, das vollständige Bild wird sich nach und nach zusammensetzen.

Über den Grundlagenunterricht

von Stephanie Harrer

Bedeutungen

Grundlagen, Schauspielen, Kunst – diese drei Begriffe sind für sich genommen keine Fremdworte, doch sollen sie hier einmal fokussiert auf den Beruf definiert werden.

Alles, was wachsen soll, braucht eine gute und solide Grundlage, so, wie auch jedes Haus, das Wind und Wetter standhalten und nicht bei jeder kleinsten Erschütterung einbrechen soll, ein gutes und kräftiges Fundament braucht.

Und um ein solches Fundament geht es auch bei den *Grundlagen* der Schauspielkunst: Eine solide, kräftigende Basis für die Studierenden zu schaffen, auf der sie sich weiterentwickeln und auf die sie später, im Berufsleben, immer wieder zurückgreifen und sie anwenden können, um nicht bei der kleinsten Problemsituation zusammenzubrechen. Es darf nicht vergessen werden, dass der Schauspieler Werkzeug *und* Schaffender, also Material und Produkt zugleich ist. Verständlich, dass es bei der Arbeit zu Krisen kommen kann. Umso wichtiger ist eine stabile Basis. Ein fundiert ausgebildeter Schauspieler wird jedoch immer der Situation entsprechend entweder seriös und selbstbewusst weiterarbeiten oder sich konstruktiv einbringen. Im Grundlagenunterricht wird demgemäß das Wahrnehmungsfeld der Studierenden erweitert und fokussiert. Erst »die Beherrschung des Elementaren ermöglicht dem Talent eine umfassende Entfaltung seiner künstlerischen Persönlichkeit.« (Gerhard Ebert) Das ist der erste Schritt weg vom Laientum hin zur Professionalität.

Der Begriff *Schauspielen* soll hier wie folgt fokussiert werden. Es geht um den Versuch, dem Wesen des Schauspielens nahe zu kommen. Es wird keiner bestimmten Auffassung gehuldigt, sondern nach dem eigentlichen Schöpfungsakt des Schauspielers gesucht und daran gearbeitet: an der Improvisation, also daran, die konkrete Handlungsstruktur zu finden, die einer bestimmten Situation zugrunde liegen könnte. Damit die Studierden so früh wie möglich zu Klarheit finden, wird ihnen der Vorgang des Schauspielens systematisch nahegebracht.

Als das, was er ist: eine komplexe, bewusst auszuführende Tätigkeit, Handlung, Aktivität; die zukünftige Arbeitstätigkeit und Arbeitshandlung des Schauspielers.

Und die *Kunst*? Wozu eigentlich Kunst? Nun, es gibt wahrscheinlich so viele unterschiedliche Auffassungen und Haltungen zu dieser Frage, wie es Menschen gibt. Denn jeder von uns denkt individuell und differenziert. Zwar soll dies keine Abhandlung über Kunst werden, aber notwendigerweise wollen wir doch versuchen, uns über eine Annäherung etwas Klarheit über den Begriff zu verschaffen. Angenommen, wir sind uns einig darüber, dass sich der Künstler mit der Realität, in der er lebt, auseinandersetzt und im Zuge dieser Auseinandersetzung eine Haltung zu ebendieser Realität einnimmt, die er dann entweder auf Papier, auf Leinwand, auf Notenlinien oder eben auf die Bühne bringt, um ihr Ausdruck zu verleihen, die Menschen zu berühren und/oder zum Nachdenken anzuregen. So schreibt Friedrich Schiller im zweiten seiner Briefe »Über die ästhetische Erziehung des Menschen«: »Ich hoffe, Sie zu überzeugen, dass diese Materie weit weniger dem Bedürfnis als dem Geschmack des Zeitalters fremd ist, ja dass man, um jenes politische Problem in der Erfahrung zu lösen, durch das Ästhetische den Weg nehmen muss, weil es die Schönheit ist, durch welche man zu der Freiheit wandert.« Und von der Theaterkunst im Speziellen fordert Bertolt Brecht, dass »[…] die Welt, die dargestellt wird, keine bloße Wunschwelt ist, […; dass sie] nicht so dargestellt wird, wie sie sein sollte, sondern so, wie sie ist.« (Über den Beruf des Schauspielers, Kap. »Über das Merkwürdige und das Sehenswerte«)

Der Schauspieler soll sich also, genau wie seine Kollegen der anderen Kunstgattungen, mit der ihn umgebenden, von ihm wahrgenommenen Wirklichkeit auseinandersetzen und diese Auseinandersetzung dann nachahmend auf die Bühne bringen. Denn, um nochmals Brecht sprechen zu lassen: »Ins Licht treten die Treffbaren, die Erfreubaren, die Änderbaren.« Die Schauspieler treten heraus aus der eigenen »kleinen«, der privaten Empfindsamkeit und wenden sich schöpferisch nach außen, um Stellung zu beziehen, um ihrem Gegenüber, d.h. dem Publikum den Spiegel vorzuhalten und es seinerseits zur Auseinandersetzung anzuregen.

Im Bewusstsein der Studierenden muss genau dieser Vorgang etabliert werden. Die Aufgabe des Schauspielers ist es, dem Publikum etwas zu erzählen über die Zusammenhänge menschlichen Zusammenlebens. Das ist der wichtigste Grund, um auf die Bühne zu gehen.

Denn im Schauspiel »spiegelt sich der Mensch elementar wie nirgendwo sonst. Und der Schauspieler ist das Medium. Durch ihn […] wird gefragt, was den Menschen umtreibt« (Gerhard Ebert, ABC des Schauspielens, S. 11).

Sinn des Grundlagenunterrichts

Der Grundlagenunterricht kommt nicht als Religion oder als Dogma daher, sondern beschäftigt sich ausschließlich und neutral mit dem Wesen der Schauspielkunst. Hier lernen die Studierenden, mit bestimmten Begrifflichkeiten sowie dem grundsätzlichen schauspielerischen Handwerk umzugehen und beschäftigen sich mit der oben ausgeführten eigentlichen Aufgabe eines Schauspielers. Hier geht es erst einmal nicht darum, gerade aktuelle Spielweisen bedienen zu können oder die verschiedenen ästhetischen Positionen, die den Studierenden in ihrer Berufspraxis begegnen werden, kennenzulernen, sondern eben um die Auseinandersetzung mit der reinen Tätigkeit Schauspielen.

Auf der Grundlage dessen kann sich eine schauspielerische Persönlichkeit sinnvoll und den heutigen Anforderungen gemäß entwickeln. Denn nur dann erreicht sie das für die künstlerische Auseinandersetzung so wichtige Selbstbewusstsein, der auf sie zukommenden künstlerischen Vielfalt auf Augenhöhe zu begegnen und spielerisch damit umzugehen. Wichtig ist in diesem Zusammenhang, den Studierenden eine Unterrichtsstruktur anzubieten, die nicht beliebig zusammengestellt ist, sondern die sie Stück für Stück der Komplexität der Tätigkeit Schauspielen näherbringt.

Ein Schauspieler muss also, wie beispielsweise ein Tischlerlehrling auch, erst einmal sein Handwerk seriös erlernen. Dazu gehört es, sich sehr lange und immer wieder mit denselben Punkten zu beschäftigen. Bevor der Tischlerlehrling in der Lage ist, selbstständig ein Möbelstück zu bauen, muss er wissen, wie er mit Holz, mit Hobel und Feile, mit Hammer und Dübel usw. umzugehen hat. Auch so ein simpler Vorgang wie das Nageleinschlagen braucht seine Zeit und muss geübt werden. Irgendwann kommt der Zeitpunkt, an dem das wie von selbst klappt. Und so wird mit jedem neu erlernten Vorgang die Arbeit des Lehrlings professioneller, indem er sich Punkt für Punkt die grundlegenden Kenntnisse seines Handwerks erobert.

Ganz ähnlich verhält es sich mit der Ausbildung von Schauspielern. Im Studium werden sie mit ihrem ganz eigenen Handwerkszeug ausgerüstet, das sie befähigt, auf der Bühne Geschichten zu erzählen und das menschliche Zusammenleben für die Zuschauer darzustellen und sinnlich schaubar machen zu können.

Im Grundlagenunterricht soll das Verständnis für schauspielerisch-schöpferische Prozesse in ihrer Differenziertheit geschaffen werden. Hier wird den Studierenden die Grundlage, das Handwerk beigebracht. Die Grundlage ist existenzieller als jede Mode, sie geht über Geschmäcker und gerade aktuelle Spielweisen hinaus. Erst die Kenntnis und die Beherrschung der Grundlagen ermöglicht das Bedienen von Spielweisen. Jeder Pädagoge, jeder Dozent sollte zunächst für sich und in der Folge auch innerhalb des Kollegiums genau herauskristallisieren, was warum im Grundlagenunterricht erarbeitet und wofür etabliert werden soll, worauf sollen die Schauspielstudierenden aufbauen können, um so genau wie möglich schöpferisch arbeiten zu lernen? Denn die Entscheidung für oder gegen gewisse Unterrichtsinhalte hat natürlich Konsequenzen für die Arbeitserfahrungen der Studierenden, die hieraus ihre schauspielerisch-schöpferische Inspiration ziehen und sich anhand dieser fokussieren. Inspiration entsteht nur auf der Basis des Wissens um die grundsätzlichen Vorgänge beim Schauspielen. Die Grundlagenarbeit muss deshalb in Fleisch und Blut übergehen. Am Anfang wird jedes kleinste Detail der Tätigkeit Schauspielen untersucht und auseinandergenommen. Was in dieser ersten Phase des Grundlagenunterrichtes so deutlich und klar für die Studierenden erfahrbar wird, soll dann im nächsten Unterrichtsschritt geübt und angewendet werden, so dass jeder Student die Möglichkeit hat, anhand der gelernten Themen eine eigene Arbeitsweise zu entwickeln, was eine elementare Voraussetzung für die Berufspraxis ist.

Auf diese Weise und mit Ruhe und viel Zeit zum Ausprobieren gelingt der schauspielerischen Persönlichkeit der erste Schritt in die Selbstständigkeit.

Verständnis für das Wesen des Schauspielens

»Schauspieler, diese unbestimmten Sonderwesen, mit denen man zwischen Gespenst und Gott beinahe alles heraufbeschwören und vergegenwärtigen kann, wenn man es nur richtig anfängt.«

BOTHO STRAUSS

Um schauspielerische Persönlichkeiten in ihrer Entfaltung zu unterstützen und sie auszubilden, braucht es ein tolerantes, flexibles, anerkennendes und nicht zuletzt ein liebevolles Verständnis für das Wesen des Schauspielens. Denn die Situation des Schauspielers ist paradox: Er ist, wie schon zuvor erwähnt, Schöpfer und Material zugleich. Er kann nicht wie ein Maler oder ein Schriftsteller neben sein Werk treten und es mit Abstand betrachten, weil er im Prinzip selber das Werk ist. Deshalb fällt Objektivität so schwer und trifft Kritik so unmittelbar. Er soll gleichzeitig von sich und nicht von sich ausgehen, während er schauspielerisch handelnd eine Figur innerhalb einer Fabel erzählt. Die nötige Verantwortung übernehmen und gleichzeitig aus einer gesunden Distanz heraus schöpferisch arbeiten. In der Verkörperung einer Figur erfährt der Schauspieler die Verschränkung von kontrollier-, steuer-, beobacht-, reflektier- und evaluierbarer Anwendung seines individuellen Körpers als eigenes Ausdrucksmittel. Er befindet sich also in einer permanent dialektischen Arbeitssituation als Rollengestalter und Rollenbeobachter. Diese Situation verlangt ihm viel Verantwortung ab, erfordert ein hohes Maß an Disziplin sowie an Freude und Durchlässigkeit, um sich immer wieder (sprich: Abend für Abend) neu zu entäußern. Gleichzeitig braucht es das permanente Bewusstsein dafür, dass es zum einen immer um die »Sache«, also um die Figur und die Fabel geht, und zum anderen nur im Wechselspiel mit den Zuschauern funktioniert. Die sogenannte »Down to earth«-Definition (1967) von Eric Bentley verdeutlicht dieses Wechselspiel, sie bringt die theatrale Situation auf ihren geringsten Nenner: A verkörpert B, während C zusieht.

Der erste Schritt – Interesse

Die Aufnahmeprüfung ist geschafft und der erste Tag des Studiums beginnt. Ein Haufen junger, talentierter Menschen trifft aufeinander. Sie kommen aus den verschiedensten Teilen Deutschlands, Europas oder sogar von jenseits der europäischen Grenzen, mit ganz verschiedenen Hintergründen und Lebenserfahrungen. Sie haben hier und da schon einmal gespielt, waren in der Schultheater-AG oder im Jugendclub eines Theaters und haben vielleicht mal bei einer Theaterproduktion hospitiert, sind jedoch größtenteils noch wenig bühnenerfahren. Aber in dem einen Punkt sind sie sich alle einig: Sie wollen Schauspieler werden. Mit Spannung, voller Neugierde und Begeisterung erwarten sie, was nun auf sie zukommt.

Neugier und Begeisterung haben einen gemeinsamen Ausgangspunkt: das Interesse. Dieses wiederum impliziert drei wichtige Aktivitäten: das Suchen, das Sehen und das Staunen. Das ist der kleinste gemeinsame und gleichzeitig der wichtigste und klarste Nenner unter den Studienanfängern, den es ab jetzt zu entwickeln und zu vertiefen gilt. Es geht hier um eine aktive, offensive Haltung, die sich mit allgemeinem Halbwissen nicht zufrieden gibt, sondern nach Genauigkeit und Konkretheit sucht. Dies ist die Grundhaltung, um das Wesen des Schauspielens entdecken zu können. Das stete Interesse für neue Inhalte, Menschen, gesellschaftspolitische, philosophische und psychologische Zusammenhänge usw. sowie die Bereitschaft, festgefahrene Vorstellungen über Bord zu werfen, sind wesentliche Bedingungen sowohl für das Studium, für die künstlerische Persönlichkeit als auch für den späteren Beruf. Erst das wirkliche, das aktive Interesse macht den aufrichtigen und offenen Zugang zu neuen Themen möglich, ermöglicht Beobachtung, ermöglicht differenziertes Verstehen von gesellschaftspolitischen Zusammenhängen, macht den Körper und die Sinne wach und weckt die Lust und Hingabe, Figuren in all ihren Facetten spielen zu wollen – ja, es ist überhaupt erst die Bedingung für die Fähigkeit zum Handeln. Zudem ermöglicht es auch das Anerkennen der Notwendigkeit von Disziplin, um künstlerische Arbeit möglich zu machen.

Aktives Interesse ist außerdem die Basis für die große Verantwortung, die Schauspieler gegenüber der Figur, dem Stück, den Partnern und den Zuschauern übernehmen.

Das Interesse fragt nach dem *Warum?* und ist ständig auf der Suche. Diese Suche wird nicht immer leicht sein und geradlinig verlaufen, dennoch muss die Lust darauf geweckt und ein Leben lang lebendig gehalten werden. Und darum geht es jetzt: losgehen, zuhören, sehen, versuchen zu verstehen und alles, was angeboten wird, mitnehmen und für sich nutzbar machen.

Mut tut gut

Der Grundlagenunterricht bietet den Studierenden einen geschützten Raum, um Neues auszuprobieren und ihre Persönlichkeit aus bisher unbekannter Perspektive zu entdecken.

Neues auszuprobieren bedeutet nicht zuletzt, »peinlich« zu sein, übertrieben zu agieren, sich vollkommen fremd oder neu wahrzunehmen, über jede bisherige persönliche Grenze zu gehen, zu scheitern, um dann wieder »die Sau raus zu lassen«, Spaß zu haben, frustriert zu sein, weinen können, lachen können … Diese Liste von Beschreibungen könnte unendlich fortgesetzt werden. Was für alle Momente im Unterricht gleichermaßen entscheidend ist, ganz egal ob es das Scheitern oder den großen Spaß betrifft, sind Mut und Risikolust. Das hat sowohl etwas mit dem zuvor beschriebenen Interesse zu tun, aber auch mit einer bestimmten Grundhaltung der Studierenden: Ich will's verstehen! Ich trau mich! Ich probier's aus! Ich will's wissen! No risk, no fun …

Der Mut, Grenzen auszuloten und zu überschreiten, sowie die Lust am Risiko sind außerdem wesentliche Voraussetzungen für die spätere Arbeit an der Figur. Wenn die Studierenden nicht den Mut entwickeln, extreme Gedankengänge von Figuren zu verstehen und lesen zu lernen, wird die gearbeitete Figur belanglos und beliebig und ohne wirkliche Nöte oder Themen auftreten, für die sie kämpfen kann.

Wichtig für den Unterricht ist eine Atmosphäre, die diese No-risk-no-fun-Haltung fördert, die solch ein Ausprobieren möglich macht. Dafür gibt es bestimmt kein allgemeingültiges Rezept. Ganz abgesehen von der Tatsache, dass jeder Student ganz individuell strukturiert ist und natürlich auch jede Unterrichtseinheit ihre eigene Dynamik hat, ist hier vor allem die innere Haltung jedes Pädagogen bzw. Spielleiters gefragt, der seine Studierenden doch genau dazu verführen möchte, sich auszuprobieren und mit Lust und Spaß Fehler zu machen, um aus diesen wieder zu lernen. Es geht also um die grundsätzliche Fähigkeit des Pädagogen, einen angstfreien Raum zum Ausprobieren und Entdecken zu schaffen.

Jeder Student hat naturgegeben Ängste. Fakt ist, dass Angst einerseits eng und unproduktiv macht und das Kreisen um die eigene Person dadurch größer und größer wird. Aber Ängste gehören andererseits genauso zu diesem Beruf wie eben Mut, Leidenschaft, Begeisterung, Besessenheit und Risikolust. Und sie können ein produktiver Motor sein, wenn vermittelt wird, dass als »Scheitern« und »Fehler« wahrgenommene Arbeitsergebnisse wichtig, sogar notwendig für den Lernvorgang sind und den Horizont erweitern. Erst dann nämlich können die Studierenden sich mit aller Lust und Hingabe ausprobieren und verlieren nicht ihren Humor.

Das Klischee behauptet, Schauspieler seien generell laut, extrovertiert und/oder exzentrisch. Im Gegenteil sind jedoch viele sehr leise, in sich gekehrt und eher schüchtern. Beide Mentalitäten in all ihren Facetten haben ihre Berechtigung und alle wollen und sollen individuell ausgebildet und unterstützt werden. Deshalb ist es wichtig, jeden Studierenden in seiner individuellen künstlerischen Entwicklung und mit all seinen ganz persönlichen Eigenschaften zu sehen, auszubilden und die Lust aufs Risiko und den Spaß am Ausprobieren zu entfachen. Wenn du etwas ausprobierst, kannst du zwar scheitern, aber du hast einen Schritt gemacht. Wenn du gar nichts riskierst, kannst du weder eine Erfahrung machen noch etwas lernen.

Methodik und Didaktik

Die Methode ist ein Instrument, um an einen gewünschten »Ort« zu kommen. Aber sie ist nicht der Ort selber. Es ist wichtig, sich nicht von einer Methode abhängig zu machen, sondern die angebotene Methode so zu verwenden, dass der gewünschte Ort erreicht wird.

Die Methodik beschreibt das *Wie*, den Weg des Unterrichtes, und die Didaktik das *Was*, also die Lehre an sich, den Inhalt, den »Ort« des Unterrichtes. Der Ort, den es mit den Studierenden zu erreichen gilt, ist die individuelle schauspielerische Persönlichkeit, die sich mutig, interessiert, abenteuerlustig und leistungsfähig allen künstlerischen Herausforderungen stellen möchte und kann.

Die hier beschriebene Lehrmethode lässt sich ganz simpel in Worte fassen: Die komplexe schauspielerische Persönlichkeit baut sich auf, indem viele verschiedene einfache Dinge stetig miteinander kombiniert werden. Komplexität wiederum ist das Ergebnis zweier wichtiger Prozesse: Differenzierung und Integration. In Bezug auf die Etablierung der Grundlagenthemen bei den Studierenden bedeutet das, dass sie zum einen für die wesentlichen Punkte mit all ihren jeweiligen Besonderheiten sensibilisiert werden und lernen, sie im Detail zu entdecken, zu erkennen und dann zu unterscheiden. Die wesentlichen Punkte sind die folgenden:

- Beobachtung: den Blick nach außen zu wenden und die Umwelt genau zu beobachten
- Vorstellungskraft
- Koordination: mehrere Dinge gleichzeitig auf der Bühne tun
- Konzentration
- Gedächtnis
- Sensibilität
- Wahrnehmung
- Anreicherung des Fantasiefundus
- Partnerbeziehung und Partnerspiel
- Widersprüchlichkeit / Dialektik menschlichen Verhaltens
- Sprache als Handlungselement / Umgang mit dem gesprochenen Wort
- Drehpunkte erkennen bzw. setzen: ein plötzliches Ereignis in der Szene, das einen Vorgang beendet und einen neuen Vorgang einleitet; an dieser Stelle muss eine Entscheidung der handelnden Figur fallen
- Grundhaltung / Haltung und Untertext einer Figur
- der Unterschied zwischen Vorgängen und Zuständen
- Wiederholbarkeit von Darstellungen auf der Bühne
- Umgang mit dem Raum
- Umgang mit Requisiten
- die Entwicklung von der Tätigkeit zur spielbaren Situation: Wer macht was, warum, in welcher Absicht (wozu), wo, wann und wie, und zusätzlich: wo kommt die Figur her und wo geht sie hin?

Zum anderen müssen die Studierenden lernen, diese einzelnen Punkte zu integrieren, sie in einen Zusammenhang zu bringen. Beide Tendenzen vereinbaren zu können, macht eine komplexe schauspielerische Persönlichkeit aus.

In diesem Ausbildungsstadium sind für die Studierenden Klarheit und Struktur sehr wichtig. Das Grundlagenseminar baut sich daher anhand von konkreten, klar strukturierten Übungen auf. Jeder neue Lernschritt wird durch eine Übung verdeutlicht und durch weitere vertieft, damit die Studierenden *spielend* spielen lernen.

Auf die Frage nach der Didaktik, also dem *Was* des Grundlagenunterrichts, muss zunächst einmal der Hinweis folgen, dass es die eine Superlösung, wie man am besten schauspielert, nicht gibt. Nicht umsonst existieren so viele unterschiedliche Methoden, Schauspiel zu unterrichten.

Die Grundlage der in diesem Buch beschriebenen Didaktik hat Prof. Rudolf Penka aus den Arbeitsansätzen Bertolt Brechts und Konstantin S. Stanislawskis synthetisiert. Prof. Veronika Drogi, Assistentin von Prof. Rudolf Penka, modifizierte und entwickelte dessen Arbeit weiter. Unsere Grundlagenarbeit befasst sich neben anderen mit den folgenden wesentlichen Punkten:

- Kunst der Beobachtung: Im Gedächtnis abgelegte Bilder von Mitmenschen und deren Verhaltensweisen werden im Moment der künstlerischen Tätigkeit hervorgeholt und für das Spiel nutzbar gemacht.
- Improvisation: »Wir huldigen keiner bestimmten Auffassung, sondern wenden uns der elementaren natürlichen Substanz der Arbeitstätigkeit Schauspielen zu. Wir verstehen die Improvisation als den eigentlichen Schöpfungsakt des Schauspielers.« (Gerhard Ebert) Die Improvisation ist im dialektischen Zusammenhang mit der Fixation, also dem Festhalten und Wiederholbarmachen des Entwurfs aus der Improvisation, das konstitutive Element der Ausbildung.
- Verständnis für eine zu spielende Figur entwickeln, sie verstehen lernen
- die Suche nach der Gedanken- und der Handlungsstruktur der Figur
- das Suchen nach der Dialektik der Figur, das Herausarbeiten von Widersprüchen in ihrem Verhalten
- den sozialen Gestus für eine Figur zu finden und zu spielen: Die Figur wird auf der Bühne nicht nur als rein biologisches, sondern ganz bewusst als soziales, zur Gesellschaft gehörendes Wesen gezeigt; nicht nur die emotionale Seite der Figur ist interessant, sondern es sind auch besondere Merkmale der körperlichen Bewegung und Äußerung, die das Leben einem Menschen aufprägt, von Belang.
- Distanz zur Figur: Der Schauspieler ist unbedingt der Schöpfer seiner Figur, statt in ihr aufzugehen. Um auf der Bühne etwas zu erzählen, statt es zu erfühlen, ist das Trennen von Privatperson und Bühnenfigur unabdingbar.

- das Schaubarmachen menschlicher Vorgänge auf der Bühne
- die Auseinandersetzung mit gesellschaftspolitischen Zusammenhängen und Umständen, um im Umgang mit dem Bühnentext aktuelle Themen herausarbeiten zu können

Die Voraussetzung für all das ist, dass das Schauspielen als eine komplexe, bewusst auszuführende Tätigkeit begriffen wird und keine »Gefühlsduselei«, also keine beliebige Hingabe an ein privates Gefühl duldet.

Das zentrale Thema des Grundlagenunterrichts ist die Suche nach dem Wesen des Schauspielens. Das Wort Drama stammt aus dem Griechischen und bedeutet *Handlung* (griech. *dran* = tun). Schauspielen bedeutet also handeln. Deutlich wird das beispielsweise auch im englischen *to act*, was sowohl *schauspielen* als auch (im weiteren Sinne) *handeln* heißt. Wichtig ist, den Studierenden klarzumachen, dass Schauspieler auf der Bühne etwas abarbeiten, etwas tun, nämlich in der Handlungs- und Gedankenstruktur der zu spielenden Figur handeln, die es *im Vorfeld* zu entwickeln gilt. Denn der Berg kommt nicht zum Propheten. Wenn ein Schauspieler auf der Bühne z.B. auf sein Gefühl *wartet*, ist das Stück wahrscheinlich schon vorbei und seine Kollegen längst wieder abgeschminkt, wenn es dann eventuell irgendwann kommt. Im Unterricht wird den Studierenden Schritt für Schritt die Arbeit, also die Tätigkeit des Schauspielens in all ihren Differenzierungen beschrieben und durch sinnlich erfahrbare Schauspielübungen fassbar gemacht.

Die schauspielerische Persönlichkeit, die sich im Grundlagenseminar langsam beginnt zu entwickeln, wird neben dem Hauptfach Grundlagen natürlich durch weitere zwei Fächer gestärkt. Es handelt sich hier um die Sprecherziehung und das gesamte Angebot des Bewegungsunterrichtes. Beide unterstützen den Grundlagenunterricht und thematisieren in organischer Wechselwirkung mit diesem die wesentlichen Punkte in ihrem Bereich.

Außerdem spielt die Auseinandersetzung mit der gesellschaftlichen, politischen, philosophischen, theatergeschichtlichen, dramaturgischen, … Gegenwart eine wichtige Rolle in der Ausbildung: »Ein guter Maler hat zwei Hauptsachen zu malen, nämlich den Menschen und die Absicht seiner Seele.« (Leonardo da Vinci, Buch von der Malerei, § 180) Was für den guten Maler gilt, muss der gute Schauspieler gleichermaßen berücksichtigen. Die »Absicht der Seele« zu »malen« bedeutet, eine persönliche Haltung zu einem Thema einzunehmen und dieser Ausdruck zu verleihen. Der Künstler, gleich welcher Kunstgattung, steht in der Regel in der Auseinandersetzung mit der Realität, die ihn umgibt. Durch seine Arbeit hält er der Gesellschaft einen Spiegel vor. Das ist ein wesentlicher Teil seines Berufes und es ist ein politischer Vorgang. In der Bühnenarbeit wird das beispielsweise in der immer neuen Arbeit an Klassikern besonders deutlich. Diese werden ja als Aufführungen gerade dann interessant, wenn durch die »alten Geschichten« die Wirklichkeit der jeweiligen Theaterschaffenden und Zuschauer gespiegelt und interpretiert wird. Und für den Schauspieler heißt es demgemäß: »Er studiert ständig die Gesetzlichkeiten im Verhalten der Menschen zueinander. Die Gesellschaft ist sein Auftraggeber; er studiert ihn.« (Bertolt Brecht, Über den Beruf des Schauspielers, Punkt 8)

Darum ist die Kenntnis von gesellschaftspolitischen Vorgängen und Umständen für den Schauspieler unerlässlich und schon in der Ausbildung unbedingt und stetig zu fördern, um ein entsprechendes Bewusstsein dafür zu entwickeln.

Spiellust und Disziplin

»45 Prozent Fleiß, 45 Prozent Disziplin und 10 Prozent Talent.«

Also, wenn sich das absolut uncool, vollkommen langweilig und ganz und gar nicht up to date anhört, dann lies jetzt bitte nicht weiter. Dann solltest du das Schauspielen besser sein lassen. Denn so sieht es in Wirklichkeit aus: Lernen, Lernen, Lernen.

Das oben genannte Zitat stammt von unserer geschätzten Professorin für Grundlagen, Veronika Drogi. Wir haben es immer und immer wieder von ihr gehört, und es hat auch bei uns zunächst nicht gerade Spiellust und Freude geweckt. Und doch entspricht es im Wesentlichen der Realität. Denn Lust und Freude entstehen vor allem dann, wenn Gelerntes produktiv angewendet werden kann. Das impliziert, dass erst einmal (uncoolerweise) fleißig gelernt und hart gearbeitet werden muss. Denn der wirkliche »Theaterspielflow«, auf den ich später ausführlich eingehen werde, stellt sich erst dann ein, wenn der Spieler in der Lage ist, Herausforderungen spielerisch anzunehmen und nicht ihretwegen zu verkrampfen. Und dazu braucht es allem voran die Virtuosität, die aus der genauen Kenntnis der Grundlagen entsteht.

Möglicherweise ist an dieser Stelle denjenigen »der Zahn zu ziehen«, die behaupten, dass ein Schauspieler keine Ausbildung brauche, dass er den ganzen Tag, sowohl in der Ausbildung als auch im Theater, nur Mätzchen mache und dass er eigentlich immer nur sich selber spiele, wenn er nicht gerade vormittags den Rausch vom letzten Abend ausschläft. Dem ist ganz und gar nicht so! Tatsächlich ist das Schauspielen harte Arbeit.

Spätestens jetzt dürfte klar geworden sein, dass ein Schauspielstudent, genauer gesagt ein Anfänger, viel Kraft, Mut und Lust braucht, um Neues zu lernen, Altes möglicherweise ganz neu zu betrachten, bisherige Vorstellungen vom Schauspielen, die vielleicht im Jugendtheaterclub oder in der Schul-AG als Maßstab galten, »über den Haufen« zu werfen und, was wohl die größte Herausforderung am Anfang ist, Scheitern humorvoll hinzunehmen. Die Demut und der Respekt vor dem Theater erfordern größte Offenheit und das lustvolle Akzeptieren der Tatsache, dass Fehler zu machen der beste Weg ist, um sich weiterzuentwickeln.

Die zentrale Frage ist doch: Wie können wir die Studierenden Schritt für Schritt angstfreier und risikofreudiger machen und somit die Spiellust fördern? Der Mensch lernt durch Spiele und Bilder am effektivsten. Sie geben ihm sinnliche Erfahrung und erweitern den Horizont. Sie versetzen auch in Erstaunen. Und das ist eine wunderbare Ausgangsbasis, um etwas Neues zu lernen. Eine Unterrichtsatmosphäre, die durch Staunen und Offenheit geprägt ist, ermöglicht den größtmöglichen Lerneffekt. Je sinnlicher oder besser: spielerischer die Übungen gestaltet werden, umso eher begreifen und erfahren die Studierenden bewusst und unbewusst die zu lernenden Vorgänge.

Darüber hinaus stellt sich beim »Spiel«, bei der spielerischen Übung, immer vorausgesetzt, dass der Student sich darauf einlässt, die *Spiellust* ein. Eine fundiert angeleitete Übung bringt also a) die gewünschte schauspielerische Erfahrung und b) die Lust am Handeln mit sich. Zwei Unterrichtsziele werden somit erreicht. Zum einen, den Studierenden die schauspielerischen Grundlagen sinnlich beizubringen, und zum anderen, die Lust auf mehr Übungen, also mehr zu »spielen«, zu wecken: Das Spiel ist Quelle des Vergnügens und der Freude und bietet einen »eigenen Moment der Unendlichkeit, eine dem Spiel eigene Ewigkeit« an (Hans Scheuerl, Das Spiel, Bd. 2). Aristoteles hat als erster die Freude, die ein Mensch im Prozess der Mimesis (griech. *mimesthai* = zur Darstellung bringen) empfindet, als eine elementare schöpferische Qualität ausgewiesen und ihre Relevanz für Lernen und Erkenntnisgewinn hervorgehoben. Damit ist für die Darstellende Kunst, deren wichtigstes Arbeitsprinzip die Mimesis bzw. Nachahmung der Wirklichkeit ist, ein wichtiger Grundstein gesetzt und das Prinzip des Spielend-spielen-Lernens begründet.

Zu jedem Spiel gehören auch Regeln. Der Spieler muss sich auf diese komplexe Spielwelt einlassen, das heißt, er muss sie anerkennen, ihre Regeln einhalten und sich dynamisch darin bewegen. Er handelt innerhalb einer vorgegebenen Struktur. Erweisen sich die Regeln als ungünstig oder unproduktiv, verändern oder modifizieren wir sie, ohne das Ziel aus den Augen zu verlieren.

Entsprechend werden auch für die Übungen im Grundlagenunterricht gewisse Regeln aufgestellt, was beispielsweise die zu spielende Situation für die Improvisation, die Verantwortung für den Partner oder den Rhythmus des Spiels betrifft. Das ist der kleinste gemeinsame Nenner, um *gemeinsam*, also mit einem oder mehreren Partnern auf der Bühne, »spielen« zu können. Für die Zukunft, für ihren zukünftigen Beruf, lernen die Studierenden, dass es Regeln zu respektieren und einzuhalten gilt. Konkreter formuliert, dass ein schauspielerischer Vorgang nicht dem Zufall überlassen werden kann. Ein weiterer Schritt zur Professionalität ist also: Regeln respektieren und einhalten.

Jede Tätigkeit kann zu einem Spiel werden, solange sie eine Seite des Könnens aufdeckt und zu einem Fortschritt des Menschen führt (vgl. Jean Château: Askese, Selbstdisziplin und Ordnungsliebe im Kinderspiel [1946]) Der Spieler steigert also seine Kompetenzen, indem er die Spielsituation bedient, die Spielspannung aufrechterhält bzw. diese immer wieder von Neuem zu erzeugen sucht. Alle Übungen, die im Grundlagenunterricht angeboten werden, haben spielerischen Charakter, um die Kompetenz der Studierenden optimal zu fördern.

Die Regeln beim Schauspielen sind dynamisch beweglich und nicht starr, reklamieren aber genaue Beachtung und Respekt, Aufmerksamkeit und Konzentration. Erst diese Verabredung birgt die wahre Spielfreiheit in sich.

Darüber hinaus fördern die »Spielregeln« maßgeblich die Arbeitshaltung der Studierenden. Jede gut angeleitete Übung provoziert ein ernsthaftes Ausführen, was sie auf eines der wesentlichsten Themen in der Ausbildung zum Schauspieler fokussiert: die Leistungsbereitschaft. Mangelnde Leistungsbereitschaft zerstört jedes Spiel und lässt jede

Übung verdorren. Diese bereiten keine Freude mehr und der Spieler verliert den nötigen Ernst. Leistungsbereitschaft setzt die Fähigkeit zur Leistung und das Gefühl voraus, etwas leisten zu wollen und zu können. Leistungsfähigkeit wird genauso wie Leistungsbereitschaft im Grundlagenseminar entfaltet. Die in der Persönlichkeit der Studierenden angelegten Fähigkeiten werden zu Fertigkeiten ausformuliert.

All das erfordert ein hohes Maß an Disziplin.

Das Akzeptieren von Regeln und Grenzen gehört zum ersten Schritt in die Professionalität dazu. Pünktlich sein, das Handy ausschalten, gegenseitiges Zuhören, Aufmerksamkeit den Spielpartnern gegenüber, den Probenraum / die Probebühne sauber und aufgeräumt verlassen und Wartenkönnen sind nur einige der Punkte, die bei den Studierenden im Allgemeinen nicht sehr beliebt sind, die sie aber unbedingt lernen müssen. Nur dann sind sie in der Lage, den nötigen Respekt und die Disziplin, die der Beruf und die Berufspraxis einfordern, zu entwickeln.

Integration und Abgrenzung

Es gibt, wie schon zuvor erwähnt, verschiedene Möglichkeiten und Wege, Grundlagen der Schauspielkunst zu unterrichten. Dabei ist es immer effizient und zukunftsorientiert, dass sich die Ausbildung derart gestaltet, dass sie neuen pädagogischen Impulsen gegenüber aufgeschlossen bleibt und diese möglicherweise sogar integriert. Kurz, so wie das Theater einem stetigen Wandel unterliegt, können sich auch die Eckdaten in der Ausbildung verändern oder besser: wachsen, es sollte ein Zusammenspiel aus Tradition und Innovation herrschen. Denn was sich bisher in der Ausbildung bewährt hat, wird selbstredend weiter unterrichtet, stetig ausformuliert und modifiziert, während Neues unter bestimmten Kriterien konsequent integriert wird.

Von anderem wieder sollte der Dozent unbedingt Abstand nehmen. Ich selber beispielsweise möchte mich insbesondere von einem Arbeitsweg abgrenzen, der die privat-psychischen Zustände und Gefühlssituationen der Studierenden als Basis in der Figurensuche voraussetzt und benutzt. Diese (in der Regel Lee Strasberg folgende und leider oft missbrauchte) Methode, die das Unbewusste für den Darsteller unkontrollierbar benutzt, kann zu schwerwiegenden psychischen

Folgen bei den Studierenden führen oder sie zumindest in tiefe und unnötige Verwirrung stürzen (siehe dazu insbesondere das Interview mit dem Schauspieler Michael Benthin, der sich intensiv mit der Strasberg-Methode beschäftigt hat, ab S. 148 im vorliegenden Band). Ein professioneller Partner des Auszubildenden wird sich gegen jede Form emotionaler Ausbeutung verwehren. Darum sei an dieser Stelle ganz klar formuliert: Eine Schauspielausbildung kann und darf nicht in psychotherapeutische Arbeit ausarten.

Dem »Wühlen« in privat-psychischen Zuständen des Darstellers steht der unermessliche Reichtum des ganzen Figurenkosmos der Dramenliteratur gegenüber. Interessant ist es, die Welt der Figur sowie des Stückes zu entdecken und diese sinnlich schaubar zu machen. Diesem sollten die Studierenden sich zuwenden. Im Versuch, den Kosmos der Figur so genau wie möglich spielerisch zu erzählen, erweitern sie ihre Möglichkeiten im Betrachten der Welt, ihr Verständnis für die unterschiedlichen Wege, die verschiedene Menschen gehen, was den einen umtreibt und wofür ein anderer kämpft; und sie lernen, das auf der Bühne bewusst auszudrücken und zu formulieren. Es kann nicht darum gehen, privat-psychische Zustände des jeweiligen Darstellers zur Schau zu stellen. Nicht nur, dass es einer Anmaßung gleichkommt, sein Unbewusstes für ihn unkontrollierbar zu benutzen. Es kann auch, wenn der jeweilige Spieler ausschließlich in der eigenen Vergangenheit, Kindheit oder dem privaten Gefühlsleben wühlt, keine genaue Nachahmung menschlichen Handelns und Denkens der zu spielenden Figur in ihrer gesamten einzigartigen Komplexität entstehen.

In Wahrheit ist es nämlich so, dass bei jeder differenzierten Suche nach der Figur und nach der Fabel des zu spielenden Stücks und der Arbeit daran eine Form von Abreaktion psychischer Befindlichkeiten stattfindet. Denn die persönliche Auseinandersetzung kann ohnehin nicht losgelöst von persönlichen Erfahrungen, Gedanken, Gefühlen und Haltungen stattfinden. Der Dozent führt, in Kenntnis dieses psychodramatischen Effektes, die Studierenden geschickt zur Nachahmung und weg von der Psychotherapie.

Persönlich, nicht privat

Schauspieler sind von Haus aus empfindsam und feinnervig, auch wenn viele das gut zu verstecken wissen. Permanent schöpfen sie aus sich selbst, da sie ja ihr eigenes Material sind. Wird den Anfängern nun beigebracht, dass die Basis der Schauspielkunst statt der Kunst der Nachahmung die Erinnerung an (heftige) Gefühle der eigenen, privaten Erlebniswelt sei, können sie neben vielen anderen Dingen keine gesunde Distanz zu ihrem zukünftigen Beruf aufbauen. Es gilt, ihnen eine Arbeitsmöglichkeit zu eröffnen, mit der sie auf *Distanz* gehen können, um der zu spielenden Figur bewusst Raum und Flexibilität zu geben. Das bedeutet Professionalität, denn im Zentrum der Schauspielkunst steht immer die Geschichte der Figur, gleichsam die Fabel des Stückes. Das und nur das gilt es zu erzählen.

Bei der Tätigkeit Schauspielen geht es also nicht um die privaten Befindlichkeiten der einzelnen Studierenden, sondern um den ganz persönlichen, künstlerischen Ausdruck der sich entwickelnden Schauspielerpersönlichkeit. Der Grundstein hierfür wird in der Grundlagenarbeit gesetzt. Es ist wichtig, die Studierenden immer wieder sensibel darauf hinzuweisen, dass es nicht um sie geht, sondern jeweils um die Situation, die Figur, den Vorgang, …

Dazu gehört auch das Thema Zuschauer. Den Studierenden muss klar werden, dass sie für jemand anderen schauspielen und nicht zur privaten Befriedigung oder Abarbeitung ihrer Befindlichkeiten. Der Schritt in die Professionalität hat mit Respekt zu tun. Mit dem Respekt davor, dass jeder Zuschauer das Recht hat, die jeweiligen Zusammenhänge der einzelnen Geschichten so genau und konkret erzählt zu bekommen, wie es möglich ist.

Jede differenzierte Auseinandersetzung mit der zu spielenden Figur, der jeweiligen Handlungsstruktur findet naturgemäß ganz individuell und immer auf der Basis der eigenen Persönlichkeit statt, mehr Eigendrehung ist nicht nötig. Viel wichtiger ist das Herausschauen und das Beobachten der Welt. Also das *aktive Interesse.* »Es geht nicht um das Leben, das von der Fantasie geschaffen wird, sondern um das Spiel, das sich in der von der Fantasie und Vorstellungskraft geschaffenen Situation entfalten soll.« (Gerhard Ebert)

Im Grundlagenunterricht arbeiten die Studierenden daran, ihre ganz persönlichen Fähigkeiten zu Fertigkeiten zu entwickeln, um diese differenziert anwenden zu können. »Sich seiner Mittel bewusst werden« lautet eine gute Formulierung für diesen Vorgang. Das führt auch zu einem gesunden, klaren und kräftigen Selbstvertrauen der Studierenden. Nicht nur, dass sie viel über ihre eigene Wirkung lernen, deren Kraft sie nicht selten sehr erstaunt und überrascht, sondern auch eine stetig wachsende Lust entwickeln, sich mit Hilfe ihrer Mittel und Fertigkeiten weiter auszuprobieren, um sich Neues zu erobern. Das stärkt und fördert die schauspielerische Persönlichkeit und somit auch das persönliche Potenzial und den Mut, dieses in die Auseinandersetzung mit der zu spielenden Figur einzubringen. Wird eine Darstellung als sehr persönlich beschrieben, handelt es sich also um ein Kompliment. Die Zurschaustellung privater Befindlichkeiten wird dagegen nicht selten als aufdringlich und unangenehm wahrgenommen.

Zudem ist es, langfristig betrachtet, immer einschränkend, die Welt nur aus dem Fenster des eigenen kleinen Selbst zu betrachten.

Keith Johnstone – »Don't be prepared!«

Immer auf der Suche nach Optimierung begegnete ich Keith Johnstone und seiner Lehre. Ein absoluter Volltreffer. Seine Lehre sowie seine Theaterspiele unterstützen die zentralen Themen des Grundlagenunterrichts in einer optimalen Weise. Nämlich spielerisch.*

Im Grundlagenunterricht werden alle wesentlichen schauspielerischen Themen etabliert. Für die Studierenden bedeutet das, dass sie innerhalb jeder Unterrichtseinheit neuen, sehr wichtigen Stoff differenzieren und integrieren müssen. Diese »Verstoffwechselung« ist mitunter nicht leicht verdaulich und kann zu temporären Blockaden oder Tabuisierungen im Spiel führen. Um als Pädagogen diesem Problem

* An dieser Stelle ist natürlich kein Raum, sich so ausführlich den Theorien Keith Johnstones zu widmen, dass dies die Lektüre seiner beiden in deutscher Übersetzung im Alexander Verlag erschienenen Bücher »Improvisation und Theater« (10. Aufl., Berlin 2010) und »Theaterspiele« (7. Aufl., Berlin 2006) ersetzen könnte. Wer Johnstones Lehre differenziert anwenden möchte, sollte sich unbedingt mit diesen beschäftigen und, sofern möglich, auch seine Seminare besuchen.
Die hier verwendeten Schlagworte, Erkenntnisse und Zitate von Keith Johnstone habe ich verschiedenen seiner Seminare, an denen ich teilgenommen habe, sowie persönlichen Gesprächen mit ihm entnommen.

entgegenzuwirken und die optimale Durchlässigkeit und Transparenz in der Vermittlung der Unterrichtsinhalte zu gewährleisten, bieten sich die Theaterspiele von Johnstone wunderbar an. Die gesamte Grundhaltung, die er vermittelt und die seine Theaterspiele übertragen, bewirkt bei den Studierenden eine Lockerheit, eine innere Offenheit und Risikolust. Sie werden auf humorvolle Art neu stimuliert und kommen in die Situation, Zusammenhänge aus einer anderen Perspektive zu sehen und wieder zu integrieren. Alles auf der Basis der wesentlichen Grundlagenthemen.

Eines der Hauptziele Keith Johnstones ist, dass die Akteure angstfrei und offen miteinander spielen können. *Miteinander* spielen, ohne aggressiv und solistisch gewinnen zu wollen. Denn das tötet jegliche Offenheit und vor allem das Partnerspiel. Vermutlich wäre er nicht glücklich über das Wort »Ziele«, das ich eben benutzt habe. Es sei denn, es wird (statt im Sinne eines ungerechten Boxkampfes) konstruktiv und positiv verstanden: »Versuche nicht, zu gewinnen, sondern spiele einfach los!« Johnstones Lehre ist mehr als eine schauspielerische Methode, es ist eine Lebenshaltung, die die schauspielerische Persönlichkeit in ihrer Entwicklung sehr bereichern kann.

Im Grundlagenunterricht arbeiten die Studierenden vor allem an der mimetischen Improvisation, also am Nachahmen von menschlichen Vorgängen und Verhaltensweisen, d.h. von Bildern, die sie sich durch die Beobachtung anderer gemacht haben. Mit Johnstone lernen sie eine neue Form von Improvisation kennen, in deren Vordergrund die eigene Persönlichkeit des Spielers steht. Die Studierenden können Zusammenhänge entdecken und dadurch ihren schauspielerischen Horizont erweitern.

Desweiteren versucht Johnstone, seinen Schülern die krampfhafte Suche nach Originalität auszutreiben. Ein weiterer Punkt, der existenziell für die Grundlagenausbildung ist und optimal passt. Für Johnstone geht es unter anderem darum, dass es auf der Bühne nur interessant wird, wenn der eine Spieler den anderen »verändert«: »Sei nicht intelligent. Versuche, deinen Spielpartner zu verändern. Wenn das klappt, zeigt das große Intelligenz.« Das bedeutet anders herum natürlich, dass die anderen Spieler die Angebote des Partners annehmen und nicht blockieren oder ignorieren. Nur so kann gutes Partnerspiel entstehen.

Darüber hinaus sind seine Statusspiele mittlerweile ein fester Bestandteil im Grundlagenunterricht. Es geht hier um das Begreifen des

Prinzips von Dominanz und Unterwerfung. Johnstone führte für dieses Prinzip den Begriff *Status* (Hochstatus und Tiefstatus) ein. Status kann allem gegenüber gespielt werden, also gegenüber dem Partner, dem Kostüm, dem Requisit, einem Möbelstück, … Kein Mensch, folglich auch keine Bühnenfigur, verhält sich neutral jemandem oder etwas gegenüber. Jeder Mensch nimmt unwillkürlich in der Interaktion verschiedene und sich vor allem permanent verändernde Statushaltungen ein. Ist das Bewusstsein dafür geweckt, ist es den Spielern möglich, sich noch konkreter mit der Dialektik, also der Widersprüchlichkeit der zu spielenden Figur zu beschäftigen und an dieser zu arbeiten.

Einen weiteren großen Anteil in Johnstones Arbeit ist dem Thema *Spontaneität* gewidmet. Das Besondere hier ist, dass er nicht auf der Suche nach einer »irgendwie« allgemeinen Spontaneität ist, sondern nach derjenigen, die die Spieler aufmerksam für ihre Partner und die gerade zu erspielende Situation werden lässt. Frei von jeglichen Blockaden und Ängsten. Selbstredend hat das Auswirkungen auf die Persönlichkeit. Sind die Spieler doch immer wieder dazu angehalten, sich des Hier und Jetzt auf der Bühne bewusst zu sein und alle zur Verfügung stehende Aufmerksamkeit und Konzentration (da sind sie wieder, zwei der wichtigen Bausteine der Grundlagenarbeit!) darauf zu richten. Die Fokussierung auf das Wesentliche in der Tätigkeit des Schauspielens ist eines der wichtigsten Ziele im Grundlagenunterricht.

Das Wunderbare ist, dass Keith Johnstone und somit seine Spiele und Theorien vollkommen frei von irgendeiner ungesunden Form von Dogma oder Geheimnistuerei sind. Auch er versteht sich als Suchender und nicht als über alles erhabener Wissender oder gar Guru einer »Theatersekte«, die alle Lösungen für das Schauspielen anbieten kann. Sehr wichtig zu bemerken ist, dass die Schüler zu jeder Zeit den gesunden Abstand zu sich selber und zur Figur bewahren können.

Johnstone ist der Erfinder und Meister des Theatersports. Auch bei ihm hat jedes Spiel ein tieferes Lernziel. Er arbeitet nicht direkt an den zu spielenden Figuren, sondern eher mit und an den Spielern selber. In seinen fortgeschrittenen Klassen arbeitet er auch am Text. Diese Arbeit eignet sich jedoch nicht für den Grundlagenunterricht.

Hier einmal komprimiert die Themen der Grundlagenarbeit, die Johnstones Lehre optimal unterstützt:

- das Partnerspiel: a) Ohne deinen Partner bist du gar nichts auf der Bühne. b) Versuche herauszufinden, was dein Partner braucht

(nicht im Sinne von Konfliktvermeidung, sondern ausschließlich zum Befördern eines optimalen Partnerspiels innerhalb einer zu spielenden Situation)

- die Spontaneität: Nahezu unsere gesamte Sozialisierung / Erziehung ist, von Ausnahmen abgesehen, darauf angelegt, Spontaneität zu unterdrücken; gemeinsam mit den Studierenden entdecken wir sie neu und entwickeln eine konstruktive spontane Haltung.
- Aufmerksamkeit und Konzentration
- die Fokussierung auf das Bühnengeschehen
- den lustvollen und spielerischen Umgang mit allen Angeboten, die auf der Bühne entstehen, statt diese zu blockieren
- die Risikolust: im Zusammenhang mit dem vorherigen Punkt die offene, lockere Spielhaltung auf der Bühne fördern, Stichwort: »Go for it! Schau nicht zurück!«
- »Seid nicht originell!«: Er versucht, den Studierenden den Originalitätswahn zu nehmen, damit sie sich auf die wesentlichen schauspielerischen Vorgänge konzentrieren können.
- die Entwicklung von Sensibilität und Respekt für den Partner und die gesamte Situation
- das Entwickeln von Untertexten
- das Selbstbewusstsein auf der Bühne
- ein größeres Interesse an anderen Menschen zu haben als an sich selbst
- die Ernsthaftigkeit und den Respekt zu entwickeln, die nötig sind, um auf die Bühne zu gehen
- Fehler zu machen bedeutet Spaß; angstfrei gegenüber Fehlern sein; nur durch Fehler können wir etwas lernen

In Gespräch mit mir beschrieb Keith Johnstone noch einen weiteren wichtigen Punkt, der vor allem für die Pädagogen wichtig ist im Umgang mit seinen Theaterspielen. Er wünscht sich einen sehr kreativen Umgang damit, was für den Anwender gleichzeitig eine ungeheure Freiheit bedeutet: »Wenn ein Spiel nicht funktioniert, dann versuche, es entsprechend zu verändern, oder nimm ein anderes.«

Interview mit Keith Johnstone

Woran würden Sie mit Schauspielstudenten in ihrem ersten Ausbildungsjahr zuallererst arbeiten?
Ihnen die Angst zu nehmen.

Warum das?
Weil Angst jeden völlig unkreativ macht und einengt.

Für Improvisateure ist das ein sehr wichtiges Kriterium, aber ist es das genauso für Theaterschauspieler?
Ich denke, schon. Es ist nicht gut, verängstigt auf der Bühne zu stehen. Einige Schauspieler genießen dieses Adrenalin und behaupten, sie bräuchten die Angst, um »aufmerksam« für das Bühnengeschehen zu sein. Aber woher wissen sie das überhaupt, wenn sie noch nie angstfrei waren? Manche Schauspieler trinken Alkohol vor der Vorstellung, um sich vertrauen zu können, und hinterher trinken sie wieder Alkohol, um zur Ruhe zu kommen. Solch selbstzerstörerisches Verhalten ist das Resultat schlechter Ausbildung. Wenn ein Kellner nach seiner ersten Arbeitswoche noch immer ängstlich seinen Job antreten würde, müssten wir doch annehmen, er sei im falschen Beruf gelandet; aber bei Schauspielern kann sich die Angst oft über Jahre hinweg entwickeln und verfestigen.

Kommen diese Gedanken über Angst auch in anderen Schauspieltheorien vor, beispielsweise bei Stanislawski?
Sie sind indirekt in dem Rat enthalten, sich genügend auszuruhen und körperliche Spannungen abzubauen. Das Thema Angst offen anzusprechen, ist ein Tabu. Ein älterer Schauspieler erzählte mir mal, dass nie jemand Angst zum Thema gemacht habe, weder auf der Schauspielschule noch während seiner ganzen Theaterlaufbahn. Dabei sei er selber immer ängstlich gewesen. Erst, nachdem er mit mir gearbeitet hatte, wurde ihm klar, dass es den anderen genauso geht – und mit dieser Erkenntnis fühlte er sich so viel besser. Angst kann entweder versteckt oder abgebaut werden. Wir sollten sie abbauen, denn erst, wenn sie nicht mehr da ist, wird es wirklich interessant, einem Schauspieler zuzuschauen. Es heißt, Marlon Brando sei ein Beispiel für angstfreies Spiel auf der Bühne gewesen sei.

Und wie würden Sie vorgehen, um Studienanfängern die Angst zu nehmen?

Manche Absolventen sind nach dem Studium noch viel ängstlicher als bei Studienbeginn, und ich mache inkompetente Dozenten dafür verantwortlich. Die Studenten werden unablässig taxiert, und auf jedem Fehler wird herumgeritten. So läuft doch Erziehung im Allgemeinen: All die lebhaften, verspielten kleinen Kinder werden in die Maschinerie eingespeist, um als verklemmte, unkreative Erwachsene wieder ausgespuckt zu werden, die sich davor fürchten, Fehler zu machen. Wir müssen einfach unsere Einstellung gegenüber Fehlern ändern, denn Fehler zu machen ist der einzige Weg, wie jemand überhaupt etwas lernen kann.

Wie ließe sich mit dieser Haltung, die Studierenden grundsätzlich zu ermutigen, statt sie unablässig zu korrigieren, eine Methode wie beispielsweise die von Stanislawski unterrichten?

Da wir nichts lernen können, ohne dabei Fehler zu machen, wäre es doch naheliegend, Misserfolgen gegenüber eine wohlwollende Haltung einzunehmen. Aber den meisten Menschen wird ja eine negative Einstellung anerzogen. Jede Methode kann durch instrumentelle Konditionierung entweder positiv, durch konstruktive Unterstützung, oder negativ, durch Demütigung und Strafe, gelehrt werden. Schauspielmethoden sind wie Rettungswesten, an denen du dich festhältst, wenn das Boot zu sinken beginnt. Sie sollten nur benutzt werden, wenn sie wirklich gebraucht werden. Sofern auf der Bühne alles gut läuft, der Schauspieler mit seiner Arbeit zufrieden und das Spiel authentisch ist, sollte der Kopf nicht mit Theoretischem belastet werden. Sich auf die Schauspieltheorie zu besinnen, ist dann hilfreich, wenn es um problematische Situationen geht. Aber wir haben so eine Art religiöser Mentalität in uns, die uns denken lässt, dass es immer nur den *einen* richtigen Weg gibt. Methoden sind da, um zu *helfen*. Aber wenn die Leute einfach intuitiv gut arbeiten, ist das doch prima.

Ist das dann »Talent«?

Ich glaube, Talent zeigt sich zum einen darin, wie sich eine schauspielerische Persönlichkeit grundsätzlich entwickelt, und zum anderen darin, inwiefern sie fähig ist, etwas auf der Bühne wirklich schaubar zu machen. Eine Methode kann Talent auch kaputtmachen. Es ist notwendig, die Spontaneität der Leute zu schützen. Auch wenn der Schauspieler eigentlich jeden Abend exakt das Gleiche macht – wenn sich irgendetwas im Ablauf oder auf der Bühne verändert, dann sollte er darauf reagieren können. Schauspieler sollten sich auf der Bühne nicht wie Zombies verhalten. Die amerikanische Methode mag für die Filmarbeit in Ordnung sein: Der Schauspieler kann sich tief in sich hineinversenken und braucht sich keine Gedanken darüber zu machen, wie das Publikum ihn wahrnimmt, weil der Regisseur die Kamera beliebig positionieren kann. Das ist mit ein Grund, warum britische Schauspieler die amerikanische Methode so ablehnen. Es hat wenig Sinn, wenn du nur auf dem Bildschirm authentisch wirkst, vor Theaterpublikum aber nicht, weil du für dieses dann einfach »zu klein« spielst. Ich vertrete da eine eklektische Haltung: Bei so vielen verschiedenen Theaterformen, Stücktypen, Regisseursmentalitäten und Spielweisen sollten wir immer diejenige Arbeitsmethode benutzen, die uns in der Situation selbst am geeignetsten erscheint – aber das auch erst in dem Moment, in dem überhaupt eine Methode gebraucht wird. Die Intuition weiß mehr als der Intellekt. Es ist doch unsinnig, ein System auf alles anwenden zu wollen, weil man auch immer Butter auf sein Brot schmiert.

Wie sollte im Schauspielstudium mit Methodenvielfalt umgegangen werden?

Ich habe nie eine Schauspielausbildung gemacht und hatte bisher auch nur selten Gelegenheit, andere Lehrer in ihrem Unterricht zu beobachten, ich kann also bloß von mir selbst sprechen, der ich allerdings die meiste Zeit meines Lebens unterrichtet habe … Alle diese Methoden sollten einmal mit Spaß und »Entdeckerfreude« ausprobiert werden. Aber eben nicht, um eine Religion daraus zu machen. Ich bin Engländer, und wir Engländer haben generell eine eher skeptische Haltung den Dingen gegenüber. Wenn Sie so wollen, bin ich mehr ein Freund des Gießkannenprinzips als jemand, der gezielt den Gartenschlauch einsetzt. Mit anderen Worten: Ich finde es besser, möglichst breit zu streuen, statt mich auf einen Punkt zu konzentrieren und irgendwie festzulegen, denn für mich sind alle Menschen grundverschieden. Du kannst nicht von vorneherein wissen, woran jemand hängenbleibt, woraus er Nutzen für seine Entwicklung zieht. Der große Unterschied ist, ob es dir beim Theater ums Schauspielen geht oder aber darum, Geschichten zu erzählen. Für mich geht es ums Geschichtenerzählen.

Was ist denn Ihr Geheimnis im Unterricht?
Nicht jeder ist »zerstörbar«. Es gibt grandiose Schauspieler, denen selbst die schlechtesten Lehrer nichts anhaben können. Deshalb vermeide ich ja auch immer, die Namen von Schauspielern öffentlich zu nennen, die ich unterrichtet habe … *(lacht)* Nehmen Sie etwa Laurence Olivier: Der war als junger Mann ein Schauspieler mit einer brillanten Technik, aber er war vor allem daran interessiert, ein »großartiger« Schauspieler zu sein und weniger ein glaubwürdiger. Dann bekam er Krebs und dachte, er müsse bald sterben. Doch er überlebte seine Krankheit und war im Alter als Darsteller um Längen besser – weil er durch diese schlimme Erfahrung offenbar gelernt hatte, worum es eigentlich geht.

Weil ihm sein Ego nicht mehr im Weg stand?
Er hatte wirklich ein gigantisches Ego. Deshalb wollte auch die Garbo nie mit ihm arbeiten. Sie hatte sofort bemerkt, dass er nicht authentisch war. Wahrhaftigkeit hat ja nichts damit zu tun, was im Inneren des Schauspielers passiert. Ein Schauspieler kann vor Gefühlen nur so strotzen und dabei Lügen erzählen. Oder sein Spiel wirkt eiskalt und lässt trotzdem tief in das Innere der Figur blicken.

Wo liegt eigentlich die Verantwortung des Publikums im Theater? Hat es überhaupt Verantwortung?
Diese Frage kommt jetzt aber wirklich unerwartet … Das Problem ist der Placeboeffekt. Wie wir wissen, kostet es sehr viel Geld, ein neues Medikament zu testen, denn wenn die Leute Vertrauen in ein Medikament haben, ist die Wahrscheinlichkeit höher, dass es auch wirkt, egal ob die entsprechenden Inhaltsstoffe nun enthalten sind oder nicht. Im Theater und in der Kunst ist es ähnlich, auch da gibt es jede Menge Placeboeffekte. Und die Leute reagieren auf diese Pseudokultur, als wäre das eine Riesensache. Ich glaube, die Antwort auf die Frage nach der Verantwortlichkeit des Publikums könnte lauten, dass die Zuschauer mehr einfordern sollten als leichte Unterhaltung. Sie sollten erwarten, dass Theater aufregend ist und verändern kann, dass es mehr ist als nur ein angenehmer – oder auch unangenehmer – Zeitvertreib.

Was genau ist Placebotheater? Vielleicht so etwas wie »des Kaisers neue Kleider«?
Genau so. Ich bin an diesem Punkt so vehement, weil ich es wirklich bedauerlich finde, dass sich das Publikum von diesem Pseudomist der-

art aufs Kreuz legen lässt. Im Bereich der Bildenden Kunst ist das sehr gut nachvollziehbar: Es ist heutzutage nicht mehr wirklich wichtig, mit welchen Mitteln und Techniken Kunst entsteht, sondern es ist die Idee hinter dem Werk, die zählt. Und das greift auf alles über. Seit einer guten Weile werden Kunststudenten jetzt wieder im Zeichnen unterrichtet – was nur von Vorteil sein kann. Vor fünfzig, sechzig Jahren hat man alle Modelle weggeworfen, die man die Studenten früher zu zeichnen »gezwungen« hatte. Man dachte, Zeichnen schade der Kreativität *(lacht)*. Und das Ende vom Lied ist die sogenannte Konzeptkunst … Wenn ein Objekt nur die richtigen »Empfehlungsschreiben« vorweisen kann, wenn nur irgendein Millionär es kauft, wird es automatisch für Kunst gehalten.

Sie meinen also, dass das traditionelle Handwerk für Kunststudenten von großer Bedeutung ist?
Nun, sie müssen nicht grundsätzlich mit einer bestimmten Technik arbeiten, aber wenn du eine Technik nicht beherrschst, kannst du sie eben auch nicht anwenden, falls du es doch einmal möchtest oder musst. Auf die Schauspielerei bezogen bedeutet das, du musst deinen Körper und deine Stimme ausbilden. Du willst ja nicht als Amateur auf der Bühne stehen. Das Kino hat unsere Sicht auf die Schauspielerei verändert, denn die Kamera kann so nah herangehen, dass »Hochstapelei« im Schauspielen sehr schnell erkennbar ist. Und der Film macht es uns ebenso möglich, mehr als einhundert Jahre Schauspielkunst zu begutachten. Das hat unsere Einstellung verändert, weil wir durch die Filmaufnahmen so viele verschiedene Stile kennenlernen konnten. Aber mit welcher Technik sie auch immer spielen: Solange Schauspieler glaubhaft agieren, wird ihre Arbeit zeitlos sein. Wie viele Stummfilmkomiker hat es gegeben – aber die, vor denen wir noch heute den Hut ziehen, sind eben nicht jene, die einfach nur lustig sein wollten, sondern diejenigen, die bemüht waren, ihre Darstellung *glaubhaft* zu machen.

Das ist also wiederum die Verantwortung des Schauspielers gegenüber dem Publikum? Er sollte nach Glaubhaftigkeit streben?
Er oder sie sollte versuchen, die Wahrheit zu erzählen. Und dazu diejenige Methode benutzen, die er oder sie gerade braucht. Der in den Fünfzigerjahren übliche Schauspielstil hat immer total unecht auf mich gewirkt, obwohl er als »naturalistisch« galt. Schauspieler bekamen

Hinweise wie: »Ein Blickkontakt auf der Bühne kann dich irritieren, deshalb schaue während eines Dialogs besser auf das Kinn deines Spielpartners, das Publikum merkt das sowieso nicht.« Oder auch: »Schau deine Spielpartner nicht an, wenn du mit ihnen sprichst, sondern visiere einen Punkt gut einen Meter neben ihnen an.« Wenn also Blickkontakt auf der Bühne sich so unangenehm anfühlte, würde ich daraus schließen, dass irgendetwas an der Schauspieltechnik nicht stimmte, und sagen: »Ihr müsst eine Methode finden, mit der ihr Blickkontakt haben könnt und mit der sich das auch gut anfühlt.«

Es gibt da eine Anekdote aus Japan über einen blinden Mann, dem nach einer Feier jemand eine Laterne mit auf den Heimweg gibt. Der Blinde fragt: »Ich sehe doch sowieso nichts, wozu brauche ich da eine Laterne?« Erwidert der andere: »Aber so können die anderen Leute dich wenigstens sehen.« Also geht der Blinde mit seiner Laterne los, wird auf dem Weg angerempelt, fällt hin und fragt: »Hast du denn meine Laterne nicht gesehen?« Und der andere antwortet: »Wie denn, das Licht war doch aus!«

Wie auch immer, ich denke, diese Geschichte ist von Bedeutung für dieses Interview … *(lacht)*

Vielen Dank für das Gespräch!

Gefühle entstehen durch Gedanken oder Die Kunst der Reproduktion

Ein weiteres wesentliches Thema in der Grundlagenarbeit ist die *Wiederholbarkeit.* Die Studierenden spielen eine Szene oder Improvisation einmal. Wunderbar! Denn alles wird frisch und neu erfunden. Der Raum wird ganz neu entdeckt, die Requisiten erstaunlich differenziert bespielt und das Partnerspiel ist so dicht und klar, dass es mehr als berührt und auch etwas erzählt. So weit, so gut. Und jetzt das Ganze bitte noch einmal …!

Damit kommen wir zu einem Vorgang, den die Studierenden wirklich beherrschen müssen: etwas wiederholbar machen bzw. reproduzieren können. Welcher elementare gedankliche Ansatz muss hier umrissen und verstanden werden? Um Darstellungen auf der Bühne wiederholbar machen zu können, muss der Spieler genau verstehen, was seine Figur denkt, was sie abarbeitet und wie sie handelt. Natürlich erfordert das allem voran Konkretheit und Genauigkeit im Denken während der zu spielenden Situation, des zu spielenden Vorgangs und über die zu spielende Figur. Der Denkprozess ist eine zentrale, aktive Kategorie beim Schauspielen. Kein Vorgang auf der Bühne, kein Umgang mit einem Requisit, kein gesprochenes Wort, kein Partnerspiel, kurz gesagt keine »Aktion« auf der Bühne wird wirklich sinnlich und lebendig für den Zuschauer, wenn sie nicht den wertenden Gedanken zum Impuls hat.

Genauso verhält es sich mit den Gefühlen einer Figur, die es genauso sinnlich und lebendig zu erzählen gilt. Dazu müssen wir uns zunächst fragen, was Gefühle eigentlich bedeuten? Was erfahren wir durch Gefühle? Sie erzählen uns etwas über die Bedürfnisse eines Menschen. Und dieser Fakt unterstützt die Suche nach der gedanklichen Struktur einer Figur. Durch die Frage nach den zentralen Bedürfnissen einer zu spielenden Figur bekommt der Student einen konkreten Zugang zu deren emotionaler Welt.

Es ist nun aber nicht möglich, Gefühle auf der Bühne regelmäßig exakt zu wiederholen. Der Erfolg dieses Versuchs wird immer dem Zufall und/oder der Tagesform eines Schauspielers überlassen bleiben. Außerdem ist das bloße Ausstellen der Gefühle einer Figur meistens langweilig und wenig berührend, da dies spielerisch etwas anderes als intentioniert erzählt oder auch gar nichts. Wenn das zum ersten Mal im Unterricht thematisiert wird, ist das für viele Studierende zunächst ein Schock. Geht es denn etwa nicht darum, die großen Gefühle der Figuren selber auch zu fühlen, um dann auf der Bühne mit der Figur mitzuleiden? Auf diese Frage gibt es eine klare Antwort: Nein. Gute Schauspieler haben, selbst wenn sie die bittersten Tränen auf der Bühne weinen, immer eine gesunde Distanz zu ihrer Figur. Wie könnten sie sonst die unterschiedlichsten Figuren entwickeln und spielen? Wie am Vormittag Medea oder Woyzeck probieren und abends die Johanna von Orleans oder Ferdinand aus »Kabale und Liebe« spielen? Diese Distanz gehört unbedingt zur Professionalität dazu. Was hat es mit dieser sogenannten Distanz aber auf sich? Wie kann sich ein Studierender diese professionelle Distanz erarbeiten? Wie kann der Schauspieler etwas über die Gefühlswelt seiner zu spielenden Figur erzählen? Und wie kann er das später allabendlich auf der Bühne reproduzieren?

Der französische Schriftsteller und Aufklärer Denis Diderot beschäftigt sich in seinem 1773 entstandenen bemerkenswerten Aufsatz

»Paradox über den Schauspieler« mit derselben, zu seiner Zeit ungelösten Problematik, wie nämlich ein Schauspieler, wenn er wirklich alle seine Gefühle in eine Rolle legt, dieselbe Rolle mit demselben Geist und Erfolg mehrfach spielen könne. Er beschwert sich über »das unausgeglichene Spiel der Schauspieler, die vom Herzen her spielen, ihr Spiel ist abwechselnd stark und schwach, feurig und kalt, langweilig und großartig«. Sein Ansatz zur Lösung des Problems: »Um das Publikum betroffen zu machen, muss der Schauspieler ungerührt bleiben.« Diderot meint, dass der Schauspieler sich zwar gedanklich in die Welt seiner zu spielenden Figur hineinversetzen muss, jedoch während des Spiels nicht privat davon ergriffen ist; nur so kann er seiner Figur so viel Raum wie möglich und nötig zur Verfügung stellen und ihre Geschichte so genau wie möglich erzählen.

Wem jetzt Worte wie Kälte und Kontrolle im Zusammenhang mit Schauspielkunst einfallen, dem sei an dieser Stelle sofort der Wind aus den Segeln genommen. Denn es geht hier um einen feinen, in seiner Wirkung jedoch enormen Unterschied im Umgang mit und Erzählen von Figuren: denjenigen nämlich zwischen *empfindsamer Hingabe* und *emotionaler Zuständlichkeit*. Während der Schauspieler im ersten Fall versucht, zu verstehen, wie die Figur denkt, um anhand dessen ihre Geschichte sukzessive und nachvollziehbar darzustellen, lässt er sich im anderen Fall undifferenziert und unsensibel in einzelne Gefühlszustände fallen, die die Figur möglicherweise anbietet, und bleibt im Zurschaustellen derselben stecken. Die erste Vorgehensweise beschreibt einen Weg, den der Zuschauer mitverfolgen kann, der ihn interessiert und angeht, und die andere »parkt« die Darstellung in einem emotionalen Zustand, der den Zuschauer nicht zum Schauen und Entdecken einlädt.

Im Grundlagenunterricht wird entsprechend der folgende Arbeitsschritt installiert: das Herausarbeiten der gedanklichen Struktur einer Figur und daraus folgend ihre emotionale Welt. Mit der konkreten Beantwortung der W-Fragen (*Wer* macht *was, warum, in welcher Absicht (wozu), wo, wann* und *wie, wo kommt die Figur her* und *wo geht sie hin?*) erarbeiten sich die Studierenden alle notwendigen Informationen über die Situationen, in denen sich die Figur verhalten muss. Sie können sich Stück für Stück ein immer genaueres Bild ihrer Figur erarbeiten und Impulse sowie Informationen für deren Gedankenstruktur bekommen. Durch dieses ständige Fragen kommen sie immer mehr auf die Spur ihrer Figur und deren Handlungsstruktur. Sie versuchen, respektvoll zu verstehen, wie ihre Figur denkt und handelt. »Respektvoll« meint in diesem Zusammenhang, dass die Studierenden lernen, dass Bühnenfiguren, genau wie reale Menschen auch, zahlreiche Widersprüche in sich vereinen und sich so ihrer Umwelt gegenüber permanent unerwartet und möglicherweise unlogisch verhalten. Somit nähern sie sich stetig dem Zentrum der Figur an und können nun die konkreten Themen und Konflikte, die die Figur umtreiben, herausfinden. Ein politisches Thema, einen Beziehungskonflikt, einen tragischen Vorfall in der Familie, … Die ethischen, politischen, emotionalen Grundhaltungen der Figur werden so herauskristallisiert und fokussiert.

Und was bedeutet das im Hinblick auf die Entwicklung der Gefühlswelt der Figur? Angenommen, ich muss eine sehr gut befahrene Straße überqueren. Umsichtig schaue ich nach links und rechts und denke mir, die fahrenden Autos sind noch weit genug entfernt, also kann ich die Straße überqueren. Gedacht … getan. Plötzlich, ich bin mitten auf der Straße, fährt der Bus, der doch eigentlich weit genug entfernt war, viel zu schnell auf mich zu. Das nehme ich wahr, denke mir, wenn ich jetzt nicht so schnell wie möglich auf die andere Seite renne, werde ich angefahren. Es entstehen Gefühle wie Panik und Angst in mir und ich renne los. Dieses simple Beispiel beinhaltet mindestens zwei Momente, in denen die Gefühle durch die Gedanken entstehen. Im realen Leben findet das alles gemeinhin innerhalb von wenigen Sekunden oder auch nur Sekundenbruchteilen statt. Um als Schauspieler Vorgänge zu entwickeln, bedarf es jedoch der ausführlichen Untersuchung dieses Phänomens. Der zentrale Punkt, den es hier zu verstehen gilt, ist: Zuerst ist da der Gedanke, der konkret gedacht wird, und durch diesen Denkvorgang entsteht organisch das dazugehörende Gefühl.

Für das Handwerk des Schauspielers bedeutet das, dass er sich um die Darstellung der Gefühle gar keine Sorgen machen muss, da sie aus dem Vorgang des Denkens über/an eine Situation entstehen. Darauf kann sich der Spieler verlassen. Gefühle entstehen durch Gedanken. Übrigens nicht nur die Gefühle. Der ganze Körper reagiert auf konkrete Gedanken. Deshalb hier die gute Nachricht: Einen Gedanken kann ich immer wieder denken. Durch ihn entäußert sich der Körper im nonverbalen Umgang mit Partner, Raum und Requisit und schließlich auch im verbalen Umgang, durch das Wort. Und nur durch den konkreten Gedanken entsteht auch das dazugehörige Gefühl, und das emotionale Bedürfnis der zu spielenden Figur wird deutlich schaubar gemacht. Konkret gedacht, wird der Körper, das gesprochene Wort, das entäußerte Gefühl nicht lügen, sondern sich immer authentisch und glaubhaft für den Zuschauer äußern. Mit der Installierung dieses Arbeitsschrittes können die Studierenden die Verantwortung für die Darstellung einer Figur langsam übernehmen. Professionalität stellt sich ein.

Im Grundlagenunterricht muss dieser Arbeitsschritt so genau und so oft wie möglich thematisiert und geübt werden, damit die Studierenden lernen, nach und nach intuitiv damit zu arbeiten und ihn in ihre Arbeitsweise zu integrieren.

Intuition entsteht nur auf der Basis von Wissen

In der Schauspielausbildung werden vier Entwicklungsstadien durchlaufen: die *unbewusste Inkompetenz, bewusste Inkompetenz, bewusste Kompetenz* und *unbewusste Kompetenz* (siehe dazu die Ausführungen im Praxisteil auf S. 57 in diesem Band). An dieser Stelle interessiert uns vor allem der letzte Schritt. Im Stadium der unbewussten Kompetenz hat sich die schauspielerische Kompetenz so ins Unterbewusstsein gearbeitet, dass der Schauspieler unbewusst mit Gelerntem umgehen kann und über eine große schauspielerische Intuition verfügt.

Der unbewusste »Kompass« arbeitet präzise und verlässlich. Die Studierenden sind nun in der Lage, auf der Bühne binnen kürzester Zeit schauspielerische Entscheidungen zu treffen. Selbst wenn in einigen Momenten nicht alle Einzelheiten einer Situation klar sind. Sie können auch anhand weniger Details produktive und die Handlung voranbringende schauspielerische Impulse setzen und Angebote machen bzw. reagieren. Oft wird Intuition mit Spontaneität oder Instinkt verwechselt. Intuition ist jedoch unbewusste Intelligenz und schöpft aus vorhandenen Erfahrungen, Erinnerungen, Urteilen, gelernten Verhaltensmustern, Informationen usw. Die Intuition muss entwickelt und gepflegt werden, um dazu zu verhelfen, in Situationen schnell Muster und Verhaltensweisen zu erkennen, um dann Zusammenhänge zu begreifen und Entscheidungen zu treffen. Was die Kognitionsforscher für die Intuition generell erkannt haben, gilt selbstredend genauso für die schauspielerische Intuition, die der »Partner« der unbewussten Kompetenz ist.

Auch die schauspielerische Intuition ist ein Wissen, die Intelligenz der schauspielerischen Unbewusstheit, wenn man so will. Sie hangelt sich an Erfahrungen, an Informationen und an Mustern entlang, die sie gelernt hat und wiedererkennen kann. Durch das ständige Training der Intuition wächst die Fähigkeit der subtilen, feinen Wahrnehmung. Indem im Grundlagenunterricht durch die klare Struktur und das permanente Üben stetig neue Informationen, Arbeitsprozesse, Erfahrungen etc. von den Studierenden verarbeitet und gelernt werden, wird gleichzeitig die Intuition aufgebaut und manifestiert. Für schauspielerische Intuition muss also eine Basis, eine Struktur hergestellt werden. Sie zu entwickeln, zu konkretisieren und ihr bestimmte Muster anzubieten ist Bestandteil des Grundlagenunterrichtes.

Konkurrenz

Konkurrenz belebt das Geschäft.

Dieser kalte Fakt sollte unbedingt von seiner produktiven Seite und angstfrei betrachtet werden. Erst angesichts der Leistung anderer können wir uns weiterentwickeln. Es wäre doch langweilig, wenn jeder alles und alle auch noch dasselbe könnten, oder?

In diesem Zusammenhang ist es wichtig, stets den derzeitigen persönlichen Entwicklungsstand genau zu reflektieren. Die Fähigkeit zur objektiven Selbsteinschätzung sollte in der Grundlagenarbeit bei jedem Studierenden gefördert werden. Oft deckt sich die Selbstwahrnehmung der einzelnen Studierenden nämlich zu ihrem Erstaunen oder gar Erschrecken nicht mit der Wahrnehmung ihrer schauspielerischen Tätigkeit von außen. Doch für die künstlerische Auseinandersetzung einer schauspielerischen Persönlichkeit ist es unbedingt erforderlich, dass sie um ihre eigene Wirkung weiß. Mit eigener Wirkung ist hier zum einen die persönliche Ausstrahlung gemeint, die von der Bühne gesendet wird, und zum anderen diejenige in der Arbeit auf den Partner und auf das Ensemble. Die Wahrnehmung der eigenen Person von Anfängern ist, wie gesagt, in sehr vielen Fällen komplett verschieden von der Wirkung, die ihnen die Kommilitonen/die neuen Kollegen oder der Pädagoge beschreiben und spiegeln.

Um die ganz individuelle schauspielerische Persönlichkeit in ihrer Entwicklung zu unterstützen, braucht es das genaue Beschreiben der Bühnenwirkung. Weiß ein Studierender um diese, wirkt er zum

Beispiel vorrangig sehr traurig, ist er viel eher in der Lage, sich weiterzuentwickeln und entgegengesetzte Richtungen weiter auszuloten. Ständig werden diese Entwicklungsschritte von der Gruppe und dem Dozenten gespiegelt und neu beschrieben, so dass sich der jeweilige Studierende ein konkretes Bild von seiner ganz persönlichen Bühnenwirkung machen kann. Das Grundlagenseminar findet immer in einer Gruppe statt. Das macht, neben vielen anderen wichtigen Dingen, möglich, dass sich die Studierenden nach einer Übung, einer Improvisation, einer Zweierszene usw. gegenseitig das Gesehene beschreiben können. Das passiert in der sogenannten *Auswertung* des jeweils gerade Gesehenen. Sie ist fester Bestandteil des Grundlagenunterrichts. Die Studierenden haben hier auch die Gelegenheit, sich gegenseitig die Wahrnehmung der unterschiedlichen Arbeitshaltungen zu beschreiben, sprich: Wie gut oder schlecht haben wir zusammen gearbeitet? Hast du mir zugehört? Ich habe den Eindruck, dass du immer nur Deine Vorschläge durchboxen willst! Du hörst mir nicht zu! Du hast ganz toll mit mir gespielt! … Um diesen Arbeitsschritt wird es noch ausführlicher im Kapitel »Kommunikation« (ab S. 50 im vorliegenden Band) gehen.

Die Arbeit innerhalb der Gruppe ermöglicht also zum einen die genaue Selbsteinschätzung und zum anderen wird von der ersten Stunde an klar, dass die eine vielleicht mehr Spaß am Improvisieren hat, während der andere besser mit dem Partner spielt usw. Die Studierenden werden in jeder Unterrichtseinheit mit der Tatsache konfrontiert, dass nicht jeder alles kann oder am besten macht. Und dass es zum Leben des Schauspielers einfach dazugehört, dass ein anderer in bestimmten schauspielerischen Vorgängen präziser ist. Es wäre nicht gut, etwas anderes zu etablieren, da die Studierenden allerspätestens in der Berufspraxis mit dieser Tatsache konfrontiert werden. Wichtig ist, ihnen die konstruktiven Möglichkeiten daran zu erläutern. Konstruktiv wäre es zum Beispiel, sie dahingehend zu motivieren, dass sie sich in der stetigen gegenseitigen Spiegelung weiterentwickeln.

Die Zusammenarbeit im Ensemble bietet dem Einzelnen die Chance dazu. Das konstruktive Ensemblespiel macht den Studierenden deutlich, dass sie voneinander lernen können und sich durch gegenseitiges Beobachten und Auswerten des Gesehenen in ihrer schauspielerischen Kompetenz weiterentwickeln können. »Was du so gut kannst, möchte ich auch lernen. Ich probiere es einfach mal.« Wieder geht es um das Interesse an den anderen, das der persönlichen Entwicklung dient. Funktionierende Ensemblearbeit kann mit einem gesunden Wettbewerb verglichen werden. Sie ist in vieler Hinsicht ein schneller Weg, Komplexität zu entwickeln. Die Herausforderungen, die solch ein »Wettbewerb« stellt, können aufregend, anregend und schöpferisch stimulierend sein. Jedoch nur, wenn diese als Chancen betrachtet werden, eigene Fähigkeiten zu verbessern. Voraussetzung dafür ist die folgende Verabredung: »Unser Antagonist ist unser Helfer.« (Edmund Burke) Also Achtung! Es geht darum, sein Bestes zu geben und so gut wie möglich »kämpfen«, also spielen zu wollen und nicht um das Übertrumpfen des Gegners. Denn das nimmt jeden Spaß, fördert stattdessen Aggression und engt die Offenheit gegenüber den Mitspielern ein. Aus solch einer Haltung kann kein Partnerspiel entstehen.

Der Grundlagenunterricht in einer Gruppe von acht bis zwölf Studierenden bietet den optimalen Rahmen, dieses komplexe Thema der Konkurrenz zu installieren. Wichtig ist, wie schon gesagt, Konkurrenz als etwas Produktives und Konstruktives zu etablieren.

Ein weiterer wichtiger Punkt, mit dem sich die Studierenden so früh wie möglich beschäftigen sollten, ist die subjektive Wahrnehmung eines Bühnengeschehens durch die Zuschauer. Jeder nimmt Gesehenes anders wahr, das ist immer eine Frage des individuellen Geschmacks. Das ist so. Und das ist auch gut so. Es ist also faktisch unmöglich, allen gleichermaßen zu gefallen. Wichtig ist nur: Hat mein Spiel etwas über meine Figur erzählt, was ich etablieren wollte, und hat es vielleicht sogar angerührt?

Sich nicht von der kleinsten Kritik umhauen zu lassen, sondern genau hinzuhören, was ein anderer beschreibt – darum geht es, und das ist auch der gesündeste Umgang mit dem Thema Konkurrenz: Der Schauspieler muss nicht versuchen, es anderen recht zu machen, sondern die Dinge, die erzählt werden sollen, so genau wie möglich zu spielen.

Flow

Nun möchte ich Bezug nehmen auf die Studien von Mihaly Csikszentmihalyi, die mich im Zusammenhang mit der Arbeit an den Grundlagen der Schauspielkunst überrascht und inspiriert haben. Seit den Siebzigerjahren erforscht Csikszentmihalyi positive menschliche Erfahrungen wie Feude, Kreativität und den Prozess vollständigen Einsseins mit dem Leben. Er erforscht, kurz gesagt, das Phänomen Glück als ein durch eigenes Handeln beeinflussbares Gefühl.

Den Prozess, wenn man vollkommen aufgeht in dem, was man tut, wenn man dabei wie in einen Rausch gerät, bezeichnet er als *Flow* – die optimale Erfahrung.* Dabei ist die sogenannte Flow-Erfahrung nicht an den Inhalt, sondern an die Struktur einer Aktivität gebunden. Es handelt sich hierbei um Situationen, in denen die Aufmerksamkeit frei gelenkt werden kann, um ein persönliches Ziel zu erreichen, weil es keine Störung gibt, die beseitigt werden muss und damit den Fokus ablenkt.

Die Handlungsanforderungen und die Fähigkeiten des Ausübenden sind, wenn er im Flow handelt, im Gleichgewicht und dabei aber auf einem individuell-überdurchschnittlichen Niveau. Dennoch wird nichts anderes als in der eigenen Person Vorhandenes »erobert«. Im Flow richtet sich die Aufmerksamkeit der Person ausschließlich auf die ausgeführte Tätigkeit, das bedeutet, andere Umweltreize gelangen kaum ins Bewusstsein, die Aufmerksamkeit gilt nur der Gegenwart. Vergangenheit und Zukunft spielen im Flow nur sehr begrenzt eine Rolle. Beim Flow haben wir unsere gesamte Energie unter Kontrolle, und alles was wir tun nimmt unser Bewusstsein, während der gesamten Tätigkeit im Hier und Jetzt, effektiv auf. Nicht das Ausüben von Kontrolle ist im Flow-Zustand das Entscheidende, sondern die potenzielle Kontrollierbarkeit. Jeder, der Flow erlebt hat, weiß, dass die tiefe Freude, die diese Erfahrung auslöst, disziplinierte Konzentration und Aufmerksamkeit voraussetzt. Flow-Erfahrungen erscheinen einem vielleicht mühelos, sie sind es aber keineswegs. Oft bedarf es dazu schwerer körperlicher Arbeit und Anstrengung oder einer hochdisziplinierten geistigen Aktivität. Sie sind ohne Geschicklichkeit und Leistung nicht möglich, jedes Nachlassen der Konzentration verhindert den Ausbau der optimalen Erfahrung. Doch während sie andauert, arbeitet das Bewusstsein geschmeidig. Im Flow besteht keine Notwendigkeit zur Reflexion, da das Handeln den Ausübenden »wie durch Zauber« weiterträgt.

Der Moment der Gegenwart wird durch Flow erfreulicher gemacht. Flow stärkt das Selbstvertrauen, das uns ermöglicht, Fähigkeiten zu ent-

---

* Vgl. Mihaly Csikszentmihalyi, Flow – Das Geheimnis des Glücks, Klett-Cotta, Stuttgart [15]2010, S. 16

wickeln. In der Konzentration auf den Flow sind die Gedanken, Absichten, Gefühle und alle Sinne harmonisch auf das gleiche Ziel gerichtet. Nach jeder Flow-Episode hat sich das Selbstbewusstsein des Handelnden gestärkt und er hat den Eindruck, dass er persönlich einen Schritt weitergekommen ist und etwas gelernt hat. Dadurch entwickelt sich die Persönlichkeit, und das Spektrum der eigenen Fähigkeiten wird erweitert. Eine Aktivität, die solche Erfahrungen herbeiführt, ist so lohnenswert, dass der Handelnde sie um ihrer selbst willen ausführen möchte. Wichtig ist zu wissen, dass es gerade nicht um die gute oder schlechte Qualität des Ergebnisses geht, sondern um die Erfahrung selbst.

Jede Aktivität enthält zahlreiche Handlungsmöglichkeiten oder »Herausforderungen«, zu denen angemessene Fähigkeiten benötigt werden. Exemplarisch flowevozierende Aktivitäten sind Spiele (neben Arbeit als zweitem Grundphänomen der menschlichen Existenz). Ein hohes Anregungspotenzial treibt hierbei das Aktionspotenzial in die Höhe. Dementsprechend beinhaltet Mihaly Csikszentmihalyis Flow-Konzept vier integrale Bestandteile: Neugierde, Herausforderung, Kontrolle und Kontext.

Theaterspielflow

Mit der spezifischen Form von Flow in theatralen schöpferischen Gestaltungsprozessen hat sich Dietmar Sachser ausführlich beschäftigt. Detailliert beschreibt er die optimale Erfahrung des *Theaterspielflow* und stellt für diese u. a. folgende Bedingungen heraus:*

- Der Handlungsrahmen gestattet offenen Spielraum, zugleich sind aber durch klare Regeln, Zielsetzungen und Feedback flüssige Gestaltungsprozesse möglich.
- Während des Flow-Erlebnisses verschmelzen Handlung und Bewusstsein; der Spieler hat den Eindruck, das Spiel geschehe »wie von allein« und Denk- und Handlungsprozesse laufen ganz intuitiv ab (Voraussetzung hierfür ist, dass der Schauspieler sich bereits im Entwicklungsstadium der *unbewussten Kompetenz* befindet; s. dazu S. 40 und 57 im vorliegenden Band).

---

* Vgl. Dietmar Sachser, Theaterspielflow – Über die Freude als Basis schöpferischen Theaterschaffens, Alexander Verlag, Berlin 2009, S. 49 ff.

- Ein verändertes Zeiterleben stellt sich ein; das Im-Hier-und-Jetzt-Sein kommt während des Spiels im Flow am deutlichsten zum Tragen.
- Mit der vollständigen Fokussierung der schauspielerischen Persönlichkeit auf die aktuelle Aufgabe gehen Selbstvergessenheit und eine ungemein wache Wahrnehmung innerer und äußerer Vorgänge einher. Wird die Konzentration gestört und ist damit der Fokus nicht mehr ausschließlich auf die Bühnensituation gerichtet, kann das Zusammenspiel von Selbstvergessenheit und gesteigerter Wahrnehmung nicht gelingen.
- Der Unsicherheitsfaktor: Wichtig im Flow-Zustand ist, wie gesagt, nicht die tatsächliche Kontrolle, sondern die Möglichkeit, dass der Spieler die gerade darzustellende Situation im Bedarfsfall sofort beherrschen *könnte*; denn totale Sicherheit und uneingeschränkte Kontrollierbarkeit verhindern nicht nur Flow, sondern auch schöpferische Gestaltung.
- Aus dem Erleben und Zusammenwirken der zuvor genannten Charakteristika von Flow als einer freudvollen Erfahrung resultiert ein Zuwachs an Kompetenzen, mit dem eine Steigerung des Selbstbewusstseins einhergeht. Jetzt kann die Suche nach Neuem gelingen und weitere Entdeckungen werden möglich, und beim Spieler kann sich eine Form von »Schöpferbewusstsein« einstellen.

Die Schauspieler, die den Theaterspielflow einmal erfahren haben, werden ihn explizit zum Antrieb und Ziel schauspielerischen Handelns erklären.

Integration von Flow in den Grundlagenunterricht

Flow beschreibt also ein durch eigenes Handeln evoziertes Glücksgefühl. Wie oft erlebte ich bei den Studierenden Flow-Momente im Unterricht, ohne eine Ahnung davon zu haben, dass ich als Pädagogin diese aktiv nutzen kann, um die Studierenden in ihrer schauspielerischen Entwicklung noch besser zu unterstützen und zu fördern. Erst durch die konkrete Beschäftigung mit Mihaly Csikszentmihalyis Forschungsergebnissen und inspiriert durch Dietmar Sachsers Theaterspielflow-Studien entdeckte ich das Prinzip des Flow für den Grundlagenunterricht, denn: »Im Gegensatz zur allgemeinen Annahme ist der Normalzustand des Geistes chaotisch. Ohne Übung und ohne ein Ziel in der Außenwelt, das Aufmerksamkeit fordert, kann sich kaum jemand länger als ein paar Minuten konzentrieren.« (M. Csikszentmihalyi)

Ein klar strukturierter Aufbau des Grundlagenunterrichtes und das Prinzip der stetig wachsenden Komplexität ermöglichen den Studierenden Flow-Erfahrungen beim Lernen. Freudvolle Lernerfahrungen provozieren ein wachsendes Interesse, mehr Begeisterung und größtmögliche Offenheit neuen Dingen gegenüber. Darüber hinaus gewinnen die Studierenden den Eindruck der ganz persönlichen Bereicherung. Das Selbst, hier heranwachsende schauspielerische Persönlichkeit genannt, wird aufgrund von Flow differenzierter, weil die erfolgreiche Bewältigung einer Herausforderung unweigerlich dazu führt, dass sich der Studierende fähiger, geschickter und in seiner schauspielerischen Kompetenz bereichert fühlt. Ob die Studierenden in jeder Unterrichtseinheit, in der die zuvor genannten Voraussetzungen für das Entstehen von Flow gegeben sind, eine optimale Erfahrung machen, hängt schließlich von ihrer eigenen Bereitschaft zum Lernen ab. Nichts kann erzwungen werden.

Um Flow zu erleben, muss ein deutliches Ziel angestrebt werden. Die Studierenden haben sich als großes Ziel gesetzt, Schauspieler zu werden. Dieses große Ziel bringt täglich neue, kleine Entscheidungen mit sich. Während sie jeden Tag mit neuen Themen und Inhalten konfrontiert werden, entscheiden sie in jeder Unterrichtsstunde selbstständig, ob sie ein Angebot nutzen, ob sie zuhören und mitarbeiten, ob sie Neues verstehen und akzeptieren oder eben nicht. Setzen sie sich immer wieder neu das Ziel, mehr zu lernen, und stellen sich jeder diesbezüglichen Herausforderung, wird das Studium sinnvoll und erfolgreich. Durch die Zielsetzung geraten sie überhaupt erst in die Lage, Herausforderungen als solche wahrzunehmen.

Jede Entscheidung, Neues zu lernen, birgt auch die Herausforderung, Neues auszuprobieren. Damit die Studierenden die Ziele und Herausforderungen auch tatsächlich erkennen können, bekommen sie eindeutige und klare Übungsanleitungen und Übungsregeln (siehe dazu den Übungsteil ab S. 55 im vorliegenden Band). Damit ist den Studierenden ein konkret umrissener Handlungsrahmen angeboten, der ihnen zugleich aber eine reibungslose schöpferische Gestaltung szenischer Situationen ermöglicht. Sobald die Ziele und Herausforderungen ein Handlungssystem definieren, brauchen die Studierenden die dazu notwendigen Fähigkeiten, um im Rahmen dessen zu arbeiten.

Entsprechend fällen sie immer wieder die Entscheidung, ihre Fähigkeiten weiterzuentwickeln.

Dabei steht der Dozent an ihrer Seite und beschreibt ihnen durch klares, konstruktives, leicht zu verstehendes und differenziertes Feedback (Auswertung), ihre individuellen Entwicklungsschritte. Ohne ständige Beachtung des Feedbacks würden sich die Studierenden vom Handlungssystem lösen, keine weiteren Fähigkeiten mehr entwickeln können und ganz schlicht: weniger oder gar nichts lernen. Indem keine unrealistischen Erwartungen gestellt werden, werden die jeweils vorgegebenen Handlungsmöglichkeiten den zur Verfügung stehenden Fähigkeiten angepasst. Mit dieser Grundhaltung können optimale Erfahrungen und Lernschritte bei den Studierenden erzielt werden.

Ist schließlich ein Handlungssystem definiert, d.h. entsprechen die Handlungen des Studierenden den Vorgaben des Handlungssystems genau, wenn die vorgegebene Übung oder Improvisation genau verstanden und somit gut zu bewältigen ist, kann sich der Studierende vertiefen und auf die neue Herausforderung konzentrieren. Vertiefung wird durch die Fähigkeit zur Konzentration enorm erleichtert. Mit Konzentrationsübungen (Übungsteil, v.a. S. 73) trainieren die Studierenden die Fähigkeit, ihre Aufmerksamkeit auf ein Geschehen zu fokussieren, was für ihre schauspielerische Persönlichkeit unerlässlich ist. Die Vertiefung kann nur aufrechterhalten werden, indem ständig Aufmerksamkeit und Konzentration investiert werden. Die Fähigkeit zur Vertiefung ist einer der wichtigsten Lernschritte, den die Studierenden leisten müssen.

In diesem Zusammenhang ist es existenziell wichtig, ihnen klarzumachen, dass sie auf der Bühne immer die Geschichte eines anderen Menschen erzählen. Denn ist ein Student beim Spielen mehr mit der Sorge beschäftigt, wie er abschneidet oder wie die Zuschauer reagieren und er auf andere wirkt, ist er nicht vollständig mit seiner eigentlichen Aufgabe, nämlich sich auf das Bühnengeschehen zu konzentrieren, beschäftigt. Dies hat zur Folge, dass er sich nicht vertiefen kann und möglicherweise sowohl die Lösung der jeweiligen Aufgabe als auch die persönliche Lernerfahrung als ungenügend und unbefriedigend gewertet werden muss. Absolute Konzentration auf die zu bewältigende Aufgabe ist die Voraussetzung, um sich völlig in ein Ziel zu versenken. Dann können die Studierenden tatsächlich in die Situation gelangen, sich an der unmittelbaren Erfahrung zu erfreuen und ihre persönliche Kompetenz weiter zu stabilisieren, d.h. sie können Flow erfahren.

Wie wir wissen, geht es im Grundlagenunterricht darum, die Weichen für die sich entwickelnde schauspielerische Persönlichkeit zu stellen. Und zwar in allen Nuancen, vom schauspielerischen Handwerk bis zum disziplinierten und kollegialen Arbeitsverhalten im Ensemble. Selbstredend ist das nicht immer leicht, besser gesagt, ist es für die Studierenden harte Arbeit und erfordert viel Kraft, Entschlossenheit und Disziplin, sich jeden Tag aufs Neue zu entscheiden, sich den Herausforderungen zu stellen.

Die oben genannten Voraussetzungen, die die Dozenten den Studierenden im Grundlagenunterricht ermöglichen können – nämlich dass sie lernen, sich Ziele zu setzen, Fähigkeiten zu entwickeln, auf Feedback zu achten, wissen, wie man sich konzentriert und vertieft –, bewirken, dass die Studierenden sich an der unmittelbaren Übungserfahrung (gleichgültig mit welchem Ergebnis) erfreuen können und so mit einer höheren Komplexität der jeweils eigenen schauspielerischen Persönlichkeit weitergehen und lernen können. Freudvolle Lernerfahrungen verführen die Studierenden dazu, mehr wissen zu wollen und sich immer neuen Herausforderungen zu stellen. Nicht zu vergessen die sukzessive Entwicklung eines starken Selbstbewusstseins, das einer schauspielerischen Persönlichkeit Kraft und Halt gibt sowie die Lust, sich weiter auseinanderzusetzen.

Abschließend ist zu bemerken, dass es gerade nicht um zufällige Momente von Flow in der Lernerfahrung geht, sondern um die Entwicklung ganz konkreter Fähigkeiten, damit die Studierenden ihre Kapazitäten voll ausschöpfen können, um mehr zu lernen, ihre Fähigkeiten zu Fertigkeiten auszuformulieren, um zu differenzierten schauspielerischen Persönlichkeiten heranzuwachsen. Mihaly Csikszentmihalyi schreibt, dass die Phänomenologie der Freude im Flow acht Hauptkomponenten umfasse: Erstens finde die Erfahrung gewöhnlich statt, wenn wir uns einer Aufgabe auch gewachsen fühlen. Zweitens müssten wir in der Lage sein, uns auf unser jeweiliges Tun zu konzentrieren. Drittens sollten mit der Aufgabe deutliche Ziele verbunden sein, um die Konzentrationsfähigkeit zu gewährleisten, was wiederum viertens ein unmittelbares Feedback ermöglicht. Fünftens müsse man mit einer tiefen, aber mühelosen Hingabe handeln, die das Alltagsleben aus dem Bewusstsein verdrängt. Sechstens können uns positive Erfahrungen ein Gefühl von Kontrolle über unser Tun geben. Siebtens verschwinden die Sorgen des Alltags und um das Selbst für den Zeitraum der Flow-Erfahrung, doch das Selbstgefühl gehe anschließend gestärkt daraus hervor. Und achtens verändere sich das Zeitgefühl; Stunden erscheinen kurz wie Minuten und umgekehrt. Diese acht Bedingungen erzeugen zusammengenommen ein tiefes Gefühl der Freude, für das so viel Energie wie möglich investiert wird, um es immer wieder zu erleben.

Mithilfe dieser konkreten Beschreibung des Vorgangs können Übungen noch genauer angeleitet werden, um den Studierenden zu optimalen Übungserfahrungen zu verhelfen.

Kommunikation

»Worte sind so zwiespältig, dass die Bedeutung immer zwischen ihnen durchfällt.«

WILLIAM SHAKESPEARE, »WAS IHR WOLLT«, III. AKT / 1. SZENE

Kritik kann verletzen – oder sie kann mobilisieren. Eine Beschreibung kann destruktiv oder konstruktiv sein. Unterschiedliche Haltungen zu einem Thema können sich gegenseitig vernichten oder befruchten. Jeder kann selbstständig entscheiden, ob ein Gespräch persönlich verletzend oder sachlich beschreibend verläuft. Der Herausforderung einer gelungenen produktiven Kommunikation begegnen wir jeden Tag und überall.

So auch am Theater. Immer wieder besteht die Gefahr, dass Konzepte, kreative Ideen und szenische Einfälle an einer misslungenen Form der Kommunikation scheitern. Das bereitet Frust und bewirkt Aggression, Angst und im schlimmsten Fall den Verlust von gegenseitiger Achtung. Dem kann jedoch vorgebeugt werden.

In einer künstlerischen Auseinandersetzung ist es ausgesprochen wichtig, so konstruktiv, produktiv und sachlich wie möglich zu kommunizieren. Oft ist es nur ein ganz kleiner Schritt zum persönlichen Angriff oder zum Missverständnis im Gespräch. Wie gesagt, ist der Schauspieler Schöpfer und Produkt in einer Person. Dieser Fakt reklamiert einen großen gegenseitigen Respekt in der Kommunikation. Um sich künstlerisch weiterzuentwickeln, gute Vorstellungen zu spielen und den Humor, das Interesse sowie die Begeisterung nicht zu verlieren, braucht es sowohl in der Ausbildung als auch in der späteren Praxis eine gelungene Kommunikation. Gelungene Kommunikation ist

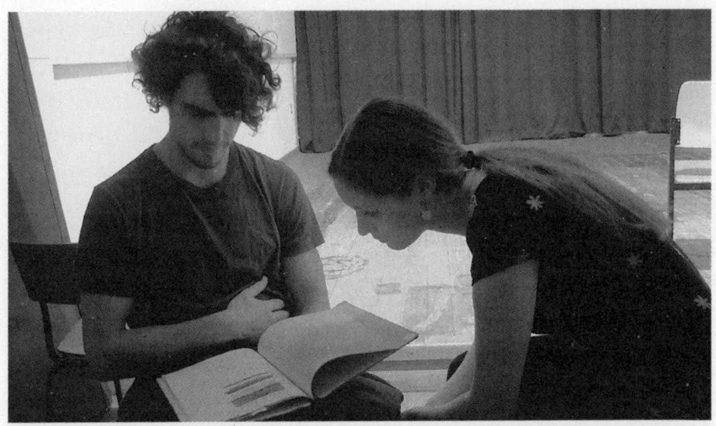

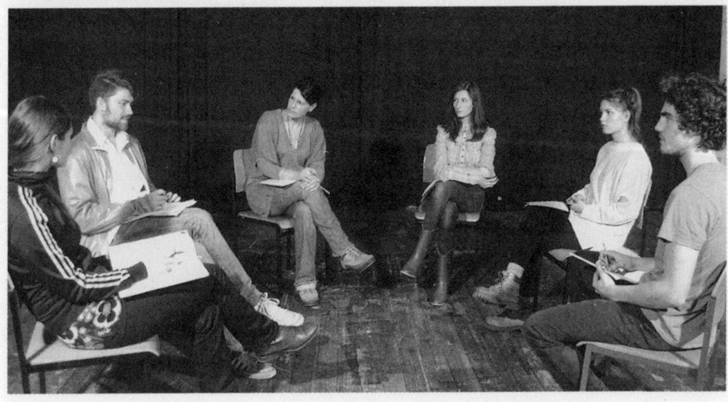

am Erfolg der weiteren Arbeit orientiert, blickt also in die Zukunft, und wühlt nicht in den »Fehlern« der Vergangenheit.

Das kann erlernt werden, und zwar vom ersten Tag der Ausbildung an.

Im Grundlagenunterricht wird jede Übung ausgewertet (s. hierzu auch den Punkt »Endauswertung« im Übungsteil S. 128f. in diesem Band). An diese klare Struktur können sich die Studierenden gewöhnen und sich darauf verlassen. Diese Zuverlässigkeit ist der erste Schritt in eine gelungene Kommunikation. Im Grundlagenunterricht wird ein gemeinsames schauspielerisches Vokabular etabliert. Durch das Anwenden dieser Begrifflichkeiten wissen alle Beteiligten jederzeit genau, worum es geht. Was zunächst vielleicht wie eine Fremdsprache klingt (plötzlich sprechen wir über *Drehpunkte, Vorgänge, Wirkungen, …*) fügt sich nach und nach in die Alltagssprache ein und wird von der schauspielerischen Persönlichkeit bald ganz selbstverständlich im Gespräch angewendet. Grundlagenunterricht ohne seriös kommunizierte Übungserläuterung und anschließende Übungsauswertung führt in die Belanglosigkeit, in die Beliebigkeit oder zu einem Zufallsprodukt. Das genaue und geduldige Beschreiben einer Übung ist Voraussetzung für eine gewinnbringende Durchführung derselben, weil das den Studierenden gute Übungserfahrungen ermöglicht. Dazu gehört auch, dass es keine »dummen« Fragen gibt, wenn es darum geht, den Ablauf einer Übung zu verstehen. Das gemeinsame Auswerten der jeweils individuell gemachten Übungserfahrung lässt die Studierenden erkennen, ob sie die konkreten sinnlich zu erfahrenden Übungsziele erreicht haben.

Es ist sinnvoll, diesen Zusammenhang sowie die Struktur der Auswertung am Anfang ganz klar zu erläutern, damit diese Auswertung, später auch gerne Kritik genannt, vom ersten Tag an ihren festen Platz im Alltag der angehenden Schauspieler bekommt und somit für sie Teil ihrer Arbeit wird.

Wichtigster Ausgangspunkt für eine gelungene Auswertung ist die bewertungsfreie Beschreibung. Das bedeutet, rein sachlich – persönlichen Geschmack und Interpretation (Bewertung) außen vor lassend – zu schildern, was in dem gerade Dargestellten zu sehen war. Das kommt zwar recht simpel in der Formulierung daher, beinhaltet aber einen sehr komplizierten Vorgang, der hohe Sensibilität und Disziplin erfordert. Bei jeder Auswertung sollte das geübt werden. Erst einmal ausschließlich beschreiben, was zu sehen war. Da fangen die Studierenden sicher an zu schwächeln und zu streiken. Hier gilt es einfach, durchzuhalten und zu üben.

Um eine sachliche und konstruktive Ebene aufzubauen und auch zu erhalten, sollten Formulierungen wie: »Ich finde, dass du das so und so gemacht hast …« oder »Mein Gefühl sagt, dass …« oder »Ich habe das Gefühl, dass …« ersetzt werden durch Formulierungen wie »In meiner Wahrnehmung/ich habe wahrgenommen …« oder »Könntest du dir vorstellen, dass …«. Darüber hinaus wird so gut wie gar nicht mit der Verallgemeinerung »man« kommuniziert. Die Studierenden sollen unbedingt lernen, ihren ganz persönlichen Wahrnehmungen und Eindrücken Ausdruck zu verleihen. Das formuliert sich konkreter mit »Ich«. Es geht in diesem Arbeitsschritt darum, den Studierenden ein Bewusstsein dafür zu vermitteln, dass sie in der Lage sein sollten, sowohl sachlich zu beschreiben als auch souverän und konstruktiv Kritik zu üben. Was sie in diesem Stadium sicherlich als Dogma beschreiben werden, wird ihnen für ihre Zukunft helfen, künstlerische Auseinandersetzungen konstruktiv zu gestalten.

Ab dem Zeitpunkt der Erarbeitung der ersten Skizze einer Fremdfigur wird nur noch über die Formulierung »deine Figur hat …« kommuniziert. Das Lernziel ist hier, die dringend notwendige Distanz zur Figur aufzubauen, damit auch im Punkt der Kommunikation private Befindlichkeit vermieden werden kann. Warum? Für eine gelungene Auswertung ist es wichtig, möglichst alle emotionalen oder unsachlichen Formulierungen durch sachliche, konstruktive Formulierungen zu ersetzen, die den anderen unterstützen, statt ihn zu demontieren und zu hemmen.

Nach der bewertungsfreien Beschreibung gehen wir über zur individuellen Wahrnehmung der Wirkung des Gesehenen. Hier gilt dasselbe Prinzip: versuchen, so objektiv wie möglich die Wirkung des gerade Gesehenen zu beschreiben. Das beinhaltet auch die Frage, ob das Gesehene mit der ursprünglichen Aufgabenstellung (beispielsweise der konkret formulierten Ausgangssituation einer Improvisation) übereinstimmt oder nicht. Auch das ist bewertungsfrei herauszuarbeiten und zu formulieren.

In den nächsten beiden Schritten geht es ganz konkret um die Spieler selbst. Hier wird zunächst herausgearbeitet, was der schauspielerische Schritt, die schauspielerische Erfahrung in der Erarbeitung der jeweiligen Aufgabe für sie war und was ihnen schließlich die anderen für die weitere Entwicklung konkret vorschlagen würden. Auch hier positiv und konstruktiv, immer orientiert an dem, was schon als schauspielerische Qualität da ist. So kann sich ressourcenorientiertes Denken und Beschreiben entwickeln.

Eine selbstbewusste und selbstständige schauspielerische Persönlichkeit kann durch erlerntes Handwerk und konstruktive Kommunikation ihren Kollegen (Regisseuren, Bühnenbildnern, Kostümbildnern, Dramaturgen …) auf Augenhöhe begegnen und ihnen standhalten. Für die Berufspraxis ist das unabdingbar.

Außerdem entwickeln die Studierenden durch die Beschreibungen ihrer Kollegen in der Auswertung Stück für Stück eine verantwortungsbewusste Arbeitshaltung, die entscheidend sein wird für ihre gesamte Theaterarbeit. Die Auswertung bietet die Möglichkeit nicht nur zur Beschreibung des Gesehenen, sondern unterstützt auch das Spiegeln des gemeinsamen Arbeitens. Dieser Punkt muss nicht überstrapaziert werden, doch sollte, wenn das Bedürfnis deutlich wird, Raum gegeben werden für gegenseitige Hinweise, einander auf etwas aufmerksam zu machen oder auch einfach, um einmal Unmut über die Haltung eines Kollegen äußern zu können. Themen wie Kollegialität, respektvoller Umgang miteinander, gegenseitiges Zuhören u. ä. können hier zur Sprache gebracht werden. Es geht auf gar keinen Fall darum, die Studierenden unnötig lamentieren zu lassen oder Variationen von Therapiesitzungen zu eröffnen, sondern um das Erlernen eines konstruktiven und offensiven Umgangs mit Konflikten. Das ist unabdingbar für die spätere Arbeit in der Praxis. Voraussetzung dafür sind immer die hier beschriebene Gesprächsstruktur sowie ein Dozent, der sehr genau hinhören kann, um Wichtiges von Unwichtigem zu unterscheiden: Jetzt lernen die Studierenden etwas über ihre ganz persönliche Wirkung auf andere kennen. Sie lernen, sich so zu verhalten, dass fundierte Theaterarbeit möglich wird und dass sie sich dafür nicht verbiegen müssen. Je mehr die Studierenden um ihre Wirkung im Umgang mit den Kollegen erfahren, desto besser reflektieren sie in der Auswertung die Zusammenarbeit und die Einschätzung ihrer eigenen Verantwortung.

Aufbau und Struktur der Auswertung:

1. bewertungsfreie Beschreibung des Gesehenen – ein oder zwei Studierende gemeinsam
2. Beschreibung der Wirkung des Gesehenen – drei oder mehr Studierende
3. Erörterung der Entwicklungs- und Erfahrungsschritte der einzelnen Spieler
4. konstruktiv und produktiv formulierte Anregungen und Vorschläge für die nächsten schauspielerischen Schritte an die einzelnen Spieler

Wichtig ist, dass die Studierenden lernen:

1. sich zu äußern
2. sich sachlich und bewertungsfrei zu äußern
3. sich kurz und präzise sachlich und bewertungsfrei zu äußern.

Dieser Weg der Kommunikation ermöglicht Konstruktivität, Verantwortungsbewusstsein und Produktivität. Damit das Prinzip differenziert installiert werden kann, muss es, wie alles andere geübt, geübt und nochmals geübt werden.

Übungen

von Margarete Schuler

Grundsätzliches

Der englische Begriff für die Schauspielerei ist *acting*. Das heißt agieren, reagieren, handeln, tun. Auf Französisch ist der Schauspieler ein *acteur*, auf Italienisch ein *attore*: Handelnde überall. Und tatsächlich: Die Schauspielerei wird nicht durch Reden erlernt, sondern durch Handeln.

Aber wer handelt, macht Fehler. Wer anfängt auszuprobieren, stößt unweigerlich an seine Grenzen. Es sind zwei grundverschiedene Dinge, über eine Idee zu reden und sie konkret auf der Bühne umzusetzen. Was im Kopf noch einfach und nachvollziehbar war, wirkt beim Probieren oft ausgedacht und bemüht. Deshalb braucht der Schauspieler den Mut, seine Figur beim Spielen aus der Situation und aus dem Partner heraus zu entwickeln. Er muss das Risiko eingehen, die Figur beim Spielen entstehen zu lassen. Um aber dieses Risiko eingehen zu können, muss das Umfeld, in dem der Schauspieler übt, offen und angstfrei sein. Ehrgeiz, Häme und Zynismus sind absolut fehl am Platz. Scheitern ist hier tatsächlich die große Chance und nur der Mut, gut – besser – am besten zu scheitern, wird belohnt.

Das Maß für den Fortschritt ist der eigene Ausgangspunkt, Vergleiche mit anderen sind nicht produktiv. Wichtig ist, dass der Übende an sich selber den langsam sich einstellenden Erfolg messen kann und auch, dass die erzielten Resultate wieder vergehen, wenn er aufhört zu üben. Diese Erkenntnis ist wichtiger als die verbesserten Fertigkeiten selbst, denn sie vermittelt die bleibende Erfahrung, dass vorhandenes Talent sich durch aktives Zutun besser manifestieren kann. Und dass diese Verbesserung abhängig ist vom eigenen Verhalten. Der Übende hat also die Wahl und trägt Verantwortung für sich selbst.

Die folgenden Übungen sind sehr genau und sorgfältig beschrieben, damit auch Laiengruppen oder Klassen im Schulfach Darstellendes Spiel nach der beschriebenen Methode arbeiten können. Voraussetzung sind ein Probenraum, ein gut gefüllter Requisitenkorb und heutige Kostüme. Die für manche Übungen geforderte Tür kann, wenn nicht anders möglich, durch die Tür, die in den Probenraum führt, ersetzt werden. Dann treten die Figuren durch die Eingangstür auf und ab. Bitte versuchen Sie nicht, eine nicht vorhandene Tür zu spielen. Das Können, welches notwendig ist, um Auf- und Abgänge durch eine vorgestellte Tür so zu gestalten, dass daraus Spielanlässe entstehen, setzt intensive vorherige Auseinandersetzung mit dem konkreten Requisit voraus, und die ist bei Anfängern nicht zu erwarten. Eine angedeutete Pantomime hilft niemandem weiter.

Für das Gelingen der im Folgenden beschriebenen Übungen ist das Funktionieren der Gruppe existenziell wichtig. Die Beobachtungen und Anregungen der anderen und ihre Anteilnahme am gemeinsamen Prozess sind unverzichtbar. Partnerspiel und Ensemblearbeit beginnen beim Erlernen der Grundlagen. Genaues Beschreiben und Beobachten und das darauf folgende Geben und Verarbeiten von konstruktiver Kritik macht die Übenden mündig und befähigt sie, in einen konkreten, nachvollziehbaren Diskurs über Handwerk und Kunst einzutreten.

Unverzichtbar für den nachhaltigen Erfolg der Grundlagenausbildung ist das konsequente Führen eines methodologischen Tagebuches. Die persönlichen Verknüpfungen und Einsichten jedes Studenten machen daraus ein individuelles Handbuch, das auch noch Jahre später in der Praxis wertvoll ist. Bei schwierigen Proben hilft es, sich auf sein Handwerkszeug zu besinnen und grundsätzliche Zusammenhänge aufzufrischen. Deshalb sollte jeder Studierende sich nach jeder Übungseinheit zehn bis zwanzig Minuten Zeit nehmen, um das im Grundlagenseminar Erfahrene schriftlich festzuhalten. Das kann in persönlicher Form als Zusammenfassung, Reflexion oder auch in Form von Fragen geschehen. Zusätzlich etabliert das Schreiben des Tagebuches bereits am Anfang der Ausbildung das konsequente Nacharbeiten jeder Probe.

Aber auch Lehrende können und sollten sich Notizen machen, z. B. unter welchen Bedingungen eine Übung gar nicht oder gerade besonders gut funktioniert hat.

Wer diesen Band als »echtes« Arbeitsbuch benutzen möchte, findet am Ende jeder Übung ein Kästchen mit Platz für eigene Notizen.

Über bewusste und unbewusste Inkompetenz und Kompetenz

Am Anfang des Studiums befinden sich die meisten Studierenden im Stadium der *unbewussten Inkompetenz.* Das heißt, sie sind begabt, machen instinktiv vieles richtig und haben damit bisher Erfolg gehabt. Das, was sie zeigen, ist aber weder verlässlich wiederholbar noch methodisch herstellbar. Sie wissen also noch nichts über Handwerk, Situation, Haltung, Untertext und Vorgang, über das Abrufen von Wirkungen und das dialektische Verhältnis von Wiederherstellen von bereits Probiertem und situativem, Aus-dem-Augenblick-heraus-Erfinden auf der Bühne.

Im Grundlagenseminar werden sie mit all diesen Kategorien konfrontiert. Das Hobby wird zum Handwerk, die Struktur wird sichtbar und führt in die »Werkstatt«, in der Wirkungen hergestellt werden. Das Eintreten in dieses Stadium leitet die Phase der *bewussten Inkompetenz* ein. Die Studierenden bemerken ihre Defizite, sind aber technisch noch nicht weit genug, um sie zu beheben. Das kann zu Frustration und Verkrampfung führen, ist aber notwendig, um ins Stadium der Professionalität einzutreten. Hierher gehört die oft gemachte Beobachtung, dass die Leistung der Studierenden sich nach dem Eintritt in die Schauspielschule zunächst verschlechtert.

Sind die Fertigkeiten des Studenten dann durch die Ausbildung entwickelt, kann er also über seinen Körper, seine Stimme und die Sprache so verfügen, wie er will, tritt er ein in das Stadium der *bewussten Kompetenz.* Er kann dann den Anforderungen, die an ihn gestellt werden, nachkommen und ist stolz darauf. Es macht ihm Spaß, seine geschliffenen Fertigkeiten einzusetzen und er legt Wert auf technische Perfektion.

Die *unbewusste Kompetenz* ist die Stufe der Meisterschaft und wird oft erst nach Jahren der Praxis im Theater oder beim Film erreicht. Der Schauspieler verfügt dann mühelos über seine Mittel, unterliegt aber nicht mehr dem Zwang, sein Können ständig beweisen zu müssen. Er wird sparsamer und freier im Ausdruck und das, was er sich vorher mühsam angeeignet hat, ist jetzt so sehr Teil seiner selbst geworden, dass es ihm im gegebenen Augenblick ohne Anstrengung zufällt. Schauspieler dieser Kategorie spielen mit Leichtigkeit, und alles, was sie tun, sieht so einfach aus, dass der Laie denkt, er könnte dasselbe mühelos auch. Er denkt fälschlicherweise, der Schauspieler auf der Bühne spiele einfach nur sich selbst.

Der Raum

Beim Grundlagentraining hält sich eine Gruppe von Menschen, die sich bewegen und schwitzen, dann wieder still sitzen oder Kleider wechseln müssen, in einem wahrscheinlich nicht allzu großen Raum mit einer mit Kostümen vollgepackten Kleiderstange und einem prall gefüllten Requisitenkorb auf.

Um nicht gänzlich im Chaos zu versinken und durch endloses Suchen und wieder Verwerfen von Kostümteilen oder Requisiten Zeit und Konzentration zu verlieren, empfiehlt es sich, zu Beginn des Seminars verschiedene Verantwortlichkeiten zu verteilen: Bestimmte Studenten sollten für die Kostüme, andere für die Requisiten verantwortlich sein. Sie sollten also wissen, wo sich was befindet, was gebraucht wird oder ergänzt werden muss und was reparaturbedürftig ist. Ausschließlich sie geben die Kostüme bzw. die Requisiten aus und nehmen sie nach Gebrauch zurück, um sie, ihrem Ordnungssystem entsprechend, wieder einzusortieren.

Wieder andere Studenten sind für den Raum an und für sich zuständig. Sie lüften regelmäßig, organisieren je nach Erfordernissen zusätzliche Scheinwerfer und kehren den Boden. Das ist wichtig, weil viele Übungen auf dem Boden gemacht werden und dabei für niemanden eine Ekelschwelle zu überwinden sein sollte.

Essen und Getränke sind bis auf verschließbare Wasserflaschen im Raum nicht erlaubt. Der Übungsraum sollte hell, sauber und aufgeräumt sein.

Aufwärmen

Wer an einem Grundlagenseminar teilnimmt, ist Anfänger. Das heißt, dass er noch nicht über genügend Handwerk verfügt, um in einer emotionalen Spielsituation sowohl seinen Impulsen zu folgen als auch die Kontrolle zu behalten. Deshalb ist die Verletzungsgefahr für Spieler und Mitspieler beim Grundlagenseminar hoch.

Ist der Spielleiter zu ängstlich und bricht wiederholt zu früh ab, wird sich diese Ängstlichkeit in der Gruppe etablieren und ein vorsichtiges, gebremstes Miteinander entstehen. Das ist nicht wünschenswert. Ist der Spielleiter sich andererseits der Gefahr nicht bewusst und bricht zu spät ab, hat ein Spieler vielleicht sich selbst oder einen anderen verletzt, mindestens aber das Mobiliar zerschlagen, bevor er gestoppt wird. Deshalb sollte der Spielleiter kontinuierlich aufmerksam sein und Vertrauen in die Richtigkeit des Prozesses mit akuter Vorsicht und Voraussicht kombinieren.

Unerlässlich in diesem Zusammenhang ist ein ausgiebiges Aufwärmen in der Gruppe zu Anfang des Seminars. Ich beginne das vierstündige Grundlagenseminar mit einem Set von Übungen, die Körper und Geist wach und geschmeidig machen, ohne die Studenten abzuhetzen oder zu ermüden.

Dabei verändere ich die wesentliche Abfolge der Übungen das ganze Semester über nicht, sie wirken wie ein Ritual, das den Übergang vom Alltag (oder anderen Unterrichten) ins Grundlagenseminar gestaltet. Während dieser Übungen kann gesprochen oder gefragt werden, sofern die Studenten die Übungen so gut beherrschen, dass sie gleichzeitig reden, lachen und üben können. So schwingt sich die Gruppe beim gewohnten Aufwärmen aufeinander ein und findet jeden Tag neu einen gemeinsamen Nenner. Die individuellen Befindlichkeiten der Studenten an jedem einzelnen Tag bleiben nicht unbemerkt und der Spielleiter kann sie in seine Planung einbeziehen und seine Aufmerksamkeit entsprechend lenken.

Neben diesem Effekt des Sich-aufeinander-Einstimmens haben die Übungen natürlich auch zum Ziel, dass am Ende des Seminars jeder Student über ein gut eingeübtes, etwa halbstündiges Aufwärmprogramm verfügt, das ihn, wo auch immer, in welcher Situation auch immer, quasi automatisiert in eine gelöste Arbeitsspannung bringt.

Das Aufwärmprogramm kann individuell sein und die Vorlieben des Lehrenden widerspiegeln, es kann mit Vorschlägen der Studenten bereichert werden, es kann Atem- und Stimmübungen beinhalten. Gut ist, was für alle funktioniert und wach macht. Tiefenentspannung (wie autogenes Training) am Beginn des Seminars ist nicht wünschenswert. Wichtig für die Sicherheit aller Beteiligten jedenfalls ist: *Nie unaufgewärmt beginnen!*

Die folgenden Übungsanleitungen sind in *schauspielerische Vorübungen* und *schauspielerische Übungen* unterteilt, was verschiedenen Entwicklungsstadien in der Grundlagenausbildung geschuldet ist. Bei den schauspielerischen Vorübungen handelt der Student als er selbst und noch nicht als Figur, ohne dass das an dieser Stelle besonders thematisiert wird. (Einzige Ausnahme sind die Figurenskizzen bei den

»S-Bahn-Beobachtungen«, siehe S. 61ff.) Bei den schauspielerischen Übungen handelt der Student als Figur, auf die er sich in der dritten Person Singular (er / sie) beziehen kann.

Schauspielerische Vorübungen

Zum Beginn

Übungsziel: Kontaktaufnahme; erstes Kennenlernen
Übungsanleitung: Der Spielleiter hält Wollfäden in der Hand, und zwar halb so viele, wie die Gruppe Teilnehmer hat, und bittet dann jeden Studenten, ein Ende eines Wollfadens zu greifen und – sobald alle das gemacht haben – sanft daran zu ziehen. Damit kommt jeder Student automatisch in Kontakt mit dem Kollegen, der das andere Ende desselben Wollfadens in der Hand hält. So entstehen Zufallspaare. Bei ungerader Gruppenanzahl greift sich der Spielleiter selbst auch ein Wollfadenende und macht die Übung mit.

Nachdem sich die Paare gefunden haben, beginnen sie, sich über die folgenden Fragen auszutauschen:
- Woher kommst du?
- Was hast du vor dem Studium gemacht?
- Willst du was von deiner Familie erzählen?
- Was ist dein wichtigstes Interesse neben Theater?

Nach einer angemessenen Zeit (ungefähr zwanzig Minuten) findet sich die Gruppe im Kreis zusammen und jeder stellt nun seinen Gesprächspartner der Gruppe vor. Das heißt, jeder muss sich während des Gesprächs die wichtigen Daten im Leben seines Gegenübers einprägen, damit er sie später richtig wiedergeben kann. Am Ende jeder Vorstellung wird der vorgestellte Partner gefragt, ob er mit der Präsentation zufrieden ist oder noch etwas hinzufügen möchte.

Am Ende der Übung kann der Spielleiter auf die wahrscheinlich sehr verschiedenen Präsentationsarten der einzelnen Studenten hinweisen und die Aufmerksamkeit vom »*Was* wurde erzählt?« zum »*Wie* wurde es erzählt?« lenken. Er kann auch schon zu ersten Beschreibungen ermuntern und dabei auf den Unterschied zwischen objektiver Beschreibung und subjektiver Bewertung hinweisen. Diese beiden Kategorien nicht zu verwechseln, sondern sauber voneinander zu trennen, wird eines der Hauptziele des Seminars sein.

eigene Notizen:

Die Kunst der Beobachtung

»Das spiel ich dann so wie Leo in ›Inception‹« oder »Da schau ich dann so wie Hannah Herzsprung in ›Vier Minuten‹, kurz bevor sie anfängt, das Konzert zu spielen«. Ähnliches höre ich häufig, wenn ich mit Studenten über die Spielmöglichkeiten einer Figur in einer bestimmten Situation spreche. Auffallend ist, dass die Inspirationsquelle der Studenten oft nicht die sie umgebende Wirklichkeit ist, sondern andere, schon vorgefertigte Kunstprodukte. Ihr Spiel ist dann ein Kommentar zum Spiel eines anderen, ihr Diskurs von Anfang an Metadiskurs.

Um diese Tendenz zu durchbrechen, bestehe ich, ganz in der Tradition der Hochschule für Schauspielkunst »Ernst Busch«, die sich ja auf Brecht beruft, auf ausdauernder und genauer Beobachtung der sozialen Wirklichkeit im Alltag. Die genaue Beobachtung dessen, was uns umgibt, setzt eine Fantasie frei, die in der sozialen Wirklichkeit verankert ist und direkt zum sozialen Gestus einer Figur führt. Der macht die Figur dann glaubhaft und »real«.

■ Übung »S-Bahn-Beobachtungen«

Übungsziel: Einüben und Automatisieren von genauem Beobachten; Ankoppeln der Fantasie an die Beobachtung; Fantasietraining; konkretes Beschreiben; erste Spielversuche mit einer Fremdfigur

Übungsanleitung: Ich bitte die Studenten, auf ihrem Weg zum Kurs öffentliche Verkehrsmittel zu benutzen und dort Mitreisende zu beobachten. Jeder Student sucht sich eine Person aus, die ihn interessiert. Das Geschlecht sollte mit dem Geschlecht des Studenten übereinstimmen, das Alter der beobachteten Person ist beliebig. Der Student muss seine Person genau beschreiben können. Es hilft, diese Beschreibung zeitnah schriftlich zu fixieren.

Es gibt (mindestens) zwei Varianten, die beobachteten Personen im Kurs zum Leben zu erwecken:

1) Der Student trägt seine Beschreibung vor. Ein zweiter Student versucht, anhand dieser Beschreibung die Person zu spielen. Wichtig sind Körperhaltung, Bewegung, eventuelle Ticks und der Blick. Es ist nicht entscheidend, dass Kleidung oder Haar übereinstimmen. Das Charakteristische dieser Person soll in der Nachahmung zu sehen sein, also das Wesentliche, das den beobachtenden Studenten dazu gebracht hat, genau diese Person für seine Beobachtung auszuwählen. Dabei wird bewusst, dass schauspielerische Nachahmung nicht perfekte Imitation zum Ziel hat, sondern vorhandenes Material für eigene Zwecke kreativ interpretiert.

Ist der Student in seiner Beschreibung ungenau, wird derjenige, der die beobachtete Person spielen soll, Präzision einfordern, weil er sonst seine Aufgabe nicht erfüllen kann. So lernen sie beide, konkrete Beschreibung von Beobachtetem einerseits und wertende Interpretation andererseits auseinanderzuhalten.

2) Der Student spielt die von ihm beobachtete Person der Gruppe vor, ohne sie vorher beschrieben zu haben. Die Gruppe beschreibt konkret das, was der Student spielt. Die Beschreibung der Gruppe wird mit den Notizen des Studenten über die beobachtete Person verglichen. Je deckungsgleicher die beiden Beschreibungen sind, desto genauer hat der Student gespielt.

Nach diesem spielerischen Teil der Übung beginnt das integrierte Fantasietraining. Jetzt, da eine aus der konkreten Wirklichkeit der Studenten abgeleitete, reale Figur im Raum steht, beginnen die Studenten, dem Beobachter konkrete Fragen über diese Figur zu stellen. Der Gefragte antwortet spontan. Mögliche Fragen sind:

- Wie heißt die Figur?
- Wo wohnt sie?
- Hat sie Arbeit und, wenn ja, welche?
- Wie viel verdient sie?
- Weswegen war sie das letzte Mal beim Arzt?
- Was hat sie gestern Abend vor dem Einschlafen gemacht?

- Was ist ihr immer wiederkehrender Alptraum?
- Was ist ihr Lieblingsessen?
- Hat sie einen Partner?
- Wie sieht ihr Wohnzimmer aus?
- Was ist ihre Lieblingssendung?
- Ohne wen oder was kann sie nicht leben?
- Was macht sie am Sonntag Nachmittag?

Wichtig ist, dass die Fantasie in dieser Übung von der realen Beobachtung ausgeht. Dabei geht es nie um Originalität, um das besonders witzig oder krass Ausgefallene, sondern um das, was der Figur entspricht. Das kann auch belanglos, alltäglich und gewöhnlich sein. Wichtig ist, dass die Studenten ihre Fantasie nicht zum Selbstzweck erheben, sondern lernen, sich selbst und ihre Fantasie der Figur zur Verfügung zu stellen.

eigene Notizen:

Übung »Raumbeobachtung«

Diese Übung ist ein guter Gradmesser dafür, wie sehr genaues Beobachten schon automatisiert ist.

Übungsziel: Einschätzen der eigenen Beobachtungsfähigkeit; Verbesserung der Beobachtungsgenauigkeit
Übungsanleitung: Der Spielleiter bittet die Studenten, sich auf den Boden zu legen und die Augen zu schließen. Dann fragt er konkrete Details des Übungsraumes ab. Die Studenten beantworten die einzelnen Fragen leise für sich. Zum Beispiel:

- Wie viele Tische stehen in diesem Raum?
- Welche Farbe hat der Fußboden?
- Steht in diesem Raum ein Mülleimer?
- Wenn ja, wo steht er?
- Welche Farbe hat er?

- Ist er voll oder leer?
- Wie viele Lampen gibt es in diesem Raum?
- Wo stehen oder hängen sie?
- Wie viele Heizkörper gibt es in diesem Raum?
- Wo sind sie?
- Welche Farbe haben sie?

Danach setzen sich die Studenten auf, öffnen die Augen und überprüfen die Antworten, die sie sich selbst gegeben haben. Wer will, kann den anderen mitteilen, was ihm bei sich während dieser Übung aufgefallen ist.

eigene Notizen:

Übung »Partnerbeobachtung«

Übungsziel: Einschätzung der eigenen Beobachtungsfähigkeit; Verbesserung der Beobachtungsgenauigkeit
Übungsanleitung: Der Spielleiter bittet die Studenten, sich darauf zu einigen, wer von ihnen »A« ist und wer »B« und sich dann paarweise Rücken an Rücken auf den Boden zu setzen und die Augen zu schließen. Dann soll A seinen Partner B konkret beschreiben: Haar und Augenfarbe, was er an Kleidung, Schminke, Schmuck, Accessoires trägt, wie die Schuhe gebunden sind, … Das gleiche dann noch einmal (ohne vorheriges Besprechen oder Umdrehen) vice versa: B beschreibt A. Erst am Ende der Übung drehen sich die Partner einander zu, betrachten einander und tauschen sich über die Genauigkeit ihrer jeweiligen Beobachtungen aus. Wer will, kann seine Erfahrungen der Gruppe mitteilen oder andere nach ihren Erfahrungen fragen.

eigene Notizen:

■ Übung »Drei Veränderungen«

Übungsziel: Verbesserung der Beobachtungsfähigkeit; Speichern und zeitlich versetztes Abrufen von Beobachtetem; über einen Zeitraum hinweg in der Konzentration bleiben

Übungsanleitung: Die Gruppe der Studenten wird in zwei gleich große Hälften geteilt. Die Gruppe A setzt sich so auf Stühle, dass jeder eine Weile (zehn bis fünfzehn Minuten) in der von ihm gewählten Position ausharren kann, ohne sich zu bewegen. Um die Stühle herum sollten alltägliche Dinge verstreut sein: Jacken, Taschen, Hefte, Kulis, Bücher, Schuhe, Wasserflaschen und ähnliches.

Die Gruppe B, die stehen bleibt, wird gebeten, sich alles, was sie sieht, genau einzuprägen. Dafür bekommt sie ausreichend Zeit. Danach muss Gruppe B geschlossen den Raum verlassen und draußen warten.

Sobald Gruppe B draußen ist, verändert der Spielleiter zusammen mit Gruppe A drei Aspekte:

1) eine Körperhaltung (zum Beispiel: rechte Hand über der linken statt wie vorher umgekehrt, die Finger einer Hand locker zur Faust statt wie vorher die Finger beider Hände offen, …)
2) etwas an einem Studenten (zum Beispiel: Fingerring weg oder mit dem Stein nach unten gedreht, Haarspange weg, nur mehr ein Ohrring statt wie vorher zwei, …)
3) ein herumliegendes Objekt (zum Beispiel: Tasche halb offen statt wie vorher ganz zu, Bleistift fehlt, Wasserflasche steht weiter hinten oder der Deckel liegt daneben statt wie vorher oben drauf …)

Sobald diese Änderungen gemacht sind, wird jeder Student der Gruppe B einzeln hereingeführt und nach ihnen gefragt. Kann er nicht alle innerhalb einer angemessenen Zeit entdecken, muss er weiterprobieren, während der nächste Student hereingebracht wird und anfängt zu suchen.

Die Studenten aus Gruppe B trainieren durch diese Übung auch das Aufrechterhalten der Konzentration offstage. Sie dürfen sich draußen nicht ablenken lassen, und der letzte, der hereingeführt wird, sollte sein Erinnerungsbild so frisch vor Augen haben wie der erste.

Wenn die gesamte Gruppe B wieder im Raum ist, sollten die drei Veränderungen entdeckt worden sein. Bringen das alle auf Anhieb zustande, waren die Änderungen zu offensichtlich, schafft es keiner, waren sie zu schwierig. Die Übung wird dann mit umgekehrter Rollenverteilung wiederholt.

eigene Notizen:

■ Übung »Kopieren«

Übungsziel: Thematisieren des Zusammenhangs zwischen äußerer und innerer Haltung; genaue Beobachtung in der Geschwindigkeit; exaktes Wahrnehmen auch kleinster Veränderungen; nachvollziehbares Beschreiben des Beobachteten

Übungsanleitung: Die Gruppe der Studenten wird in zwei gleich große Hälften A und B geteilt. Die Gruppe A bleibt im Raum, die Gruppe B verlässt ihn. Ein Student der Gruppe A wird gebeten, sich auf der Bühne (bzw. auf der im Raum als Bühne vorgesehenen Fläche) auf einen Stuhl zu setzen. Dabei soll die äußere Haltung, die sein Körper einnimmt, auf eine innere Haltung schließen lassen. (Zum Beispiel: zusammengepresste Knie, hochgezogene Schultern, vorgestreckter Kopf = ängstlich, angespannt; oder: Beine breit, Oberkörper nach hinten gelehnt, Hinterkopf liegt in den verschränkten Händen = entspannt, lässig.) Der Rest der Gruppe A ist angehalten, sich die Haltung des Studenten auf der Bühne genau einzuprägen und dann zu beobachten, was passiert.

Der erste Student der Gruppe B wird vom Spielleiter mit geschlossenen Augen in den Raum geführt und neben den Studenten, der auf dem Stuhl sitzt, gestellt. Nach Aufforderung des Spielleiters macht er die Augen auf und prägt sich die Haltung des Studenten auf dem Stuhl ein, während der Spielleiter bis fünf zählt. Bei fünf klatscht der Spielleiter in die Hände, der Student, der gesessen hat, springt auf und der zuvor beobachtende Student setzt sich in genau der Haltung, die der andere Student gerade verlassen hat, auf den frei gewordenen Stuhl. Idealerweise sollte der Student aus der Gruppe B jetzt wie eine exakte Kopie des Studenten aus Gruppe A auf dem Stuhl sitzen. Wahrscheinlich wird sich aber eine Veränderung ergeben haben. Diese Veränderung müssen die zuschauenden Studenten der Gruppe A bemerken und speichern. Sie sollten am Ende der Übung fähig sein, genau zu beschreiben, wann sich was in der äußeren Haltung welches Studenten verändert und wie sich das auf die Interpretation der inneren Haltung ausgewirkt hat.

Auf diese Weise wird ein Student nach dem anderen hereingeführt. Nachdem der letzte Student der Gruppe B den Platz auf dem freigewordenen Stuhl eingenommen hat, setzt sich der ursprüngliche Student aus der Gruppe A auf einen mitgebrachten Stuhl in genau seiner ursprünglichen Haltung neben ihn. Dann sitzen das Original und das Endprodukt der vorangegangenen Kopien nebeneinander. Sie sollten sich, sowohl in der äußeren als auch in der inneren Haltung möglichst ähnlich sein.

Die Übung wird dann mit Gruppe A, die hinausgeht, und Gruppe B, die im Raum bleibt, wiederholt.

eigene Notizen:

■ Übung »Maskenkreis«

Übungsziel: genaues Beobachten; Kopieren; Thematisieren von äußerer und innerer *Haltung*; Thematisieren von *Untertext*

Übungsanleitung:

1. Schritt: Die Studenten stehen im Kreis. Einer schneidet eine extreme Grimasse und wendet sein Grimassengesicht dem rechts von ihm stehenden Kollegen zu. Dieser übernimmt den grimassenhaften Gesichtsausdruck genau, während er den Kollegen anschaut. Dann dreht er sich langsam dem rechts von ihm stehenden Kollegen zu und verändert da-

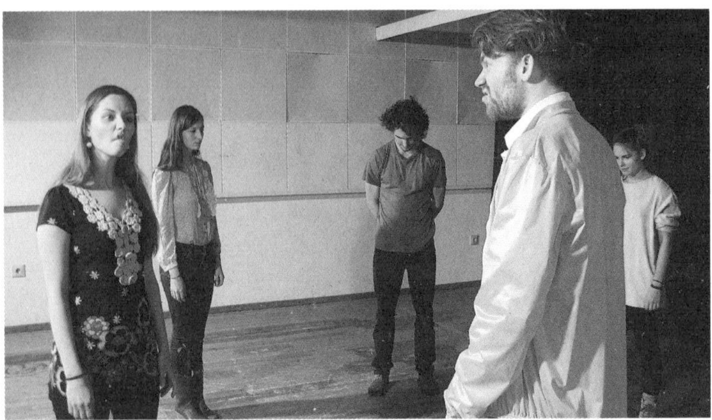

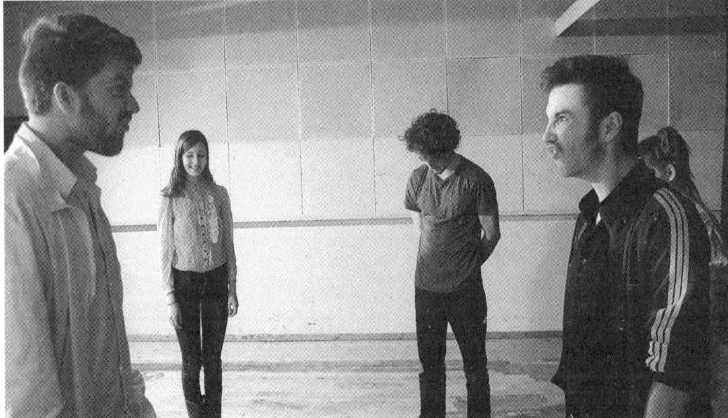

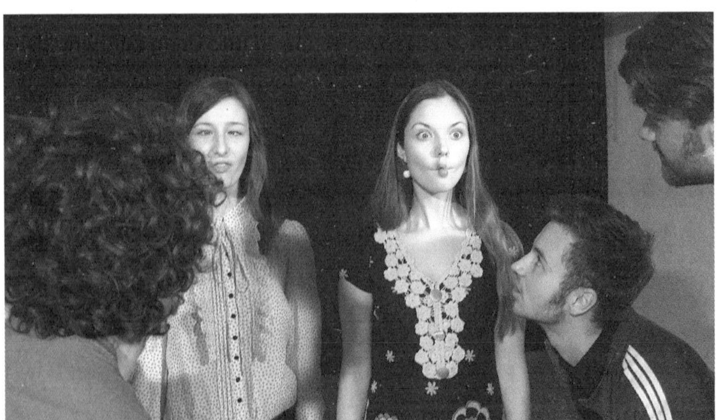

Maskenkreis

bei sein Gesicht zu einer neuen Grimasse. Die neue Grimasse muss stehen, sobald er den rechts von ihm stehenden Kollegen voll im Blick hat. Dieser übernimmt dann von ihm die Grimasse und verändert sie seinerseits, während er sich langsam dem nächsten Kollegen zuwendet.

2. Schritt: Gleiches Prozedere, aber statt einer absurden Grimasse wählt der erste Student einen realistischen, aber sehr eindeutigen Gesichtsausdruck, zum Beispiel weit aufgerissene Augen und offener Mund für Erstaunen. Der rechts stehende Student, der den Gesichtsausdruck übernehmen wird, artikuliert zuerst, was er mit dem Gesichtsausdruck assoziiert. Er formuliert also die innere Haltung, die sich ihm durch den Gesichtsausdruck vermittelt, bevor er die äußere Haltung nachahmt. Das Formulieren kann verschiedene Formen annehmen. Es kann ein Begriff sein, zum Beispiel »Erstaunen«, oder ein Laut, »Ooh«, oder auch ein Satz, »Das ist jetzt nicht wahr!«. Er übernimmt hier also erst nach dem Benennen der inneren Einstellung beziehungsweise dem Formulieren eines Untertextes den Gesichtsausdruck des Kollegen und verändert ihn dann, wie bei Schritt 1, selber weiter.

3. Schritt: Gleiches Prozedere, aber statt eines sehr eindeutigen Gesichtsausdrucks wählt der erste Student jetzt einen subtilen/reduzierten Gesichtsausdruck. Der nächste Student versucht, auch diesen Gesichtsausdruck verbal zu deuten (verschiedene Artikulationsformen sind möglich, siehe Schritt 2), bevor er ihn seinerseits übernimmt und verändert. Diese Variante ist die schwierigste und erfordert eine gewisse Frustrationstoleranz.

Diese Übung bietet eine gute Gelegenheit, Begriffe wie *innere Haltung, Einstellung* oder *Untertext* zuerst zu erfahren und dann zu thematisieren. Es empfiehlt sich, bei jedem Schritt mehrere Durchgänge zu machen.

eigene Notizen:

■ Übung »Hier und weg«

Übungsziel: Schulung von Konzentration und Beobachtung unter Zeitdruck; genaues Beobachten im Moment

Übungsanleitung: Die Studenten sitzen in größerem Abstand voneinander auf Stühlen auf der Bühne. Neben sich haben sie Block und Bleistift. Der Spielleiter hat fünf kleine Gegenstände auf seiner offenen Hand angeordnet. Das können Münzen, Papierschnipsel, ein Nagel, ein Stückchen Faden oder auch schwerer Definierbares sein. Er versteckt die Handfläche mit den Gegenständen darauf unter der anderen Hand und geht zum ersten Studenten. Dort angekommen, zieht er die Hand weg und gibt ganz kurz den Blick auf die fünf Gegenstände in seiner offenen Hand frei. Nach höchstens zwei Sekunden verschließt er die Hand wieder und geht zum nächsten Studenten, wo er auf dieselbe Weise verfährt. Die Studenten warten, bis alle an der Reihe waren, und schreiben oder zeichnen dann jeder für sich auf, was wo auf der Hand des Spielleiters gelegen hat.

Die Studenten vergleichen ihre Ergebnisse untereinander sowie mit den tatsächlichen Gegenständen und ihrer Anordnung auf der Hand des Spielleiters.

eigene Notizen:

Fantasietraining

Die Fantasie des Schauspielers ist sein wahrscheinlich höchstes Gut und das, was ihn sein ganzes Berufsleben lang unverwechselbar machen wird. Seine Fantasie wird alle Figuren, die ihm anvertraut sind, gestalten und prägen. Fantasie kann man nicht einüben, aber man kann sie anreichern und füttern und damit dem Studenten helfen, die eigene Fantasie für den Beruf abrufbar zu machen.

Das Fantasietraining speist sich aus dem Beobachtungstraining. Die Studenten werden also ermuntert, auf der Basis konkreter Daten ins Fabulieren zu kommen. Das konkrete Fabulieren zu einem vorgegebenen Thema wird dann von der Gruppe mit Fragen, die zu noch weiterem Ausholen verleiten, befördert. Die Nachvollziehbarkeit des Fabulierten bleibt dabei immer Thema.

■ Übung »Gemälde«

Übungsziel: genau beschreiben, konkret fabulieren; Training von sozialer Fantasie für entfernter liegende, nicht zeitgenössische Figuren
Übungsanleitung: Diese Übung ist eine Ausweitung der S-Bahn-Beobachtung; während der Student bei den S-Bahn-Beobachtungen auf seine Zeitgenossenschaft mit den Beobachteten bauen kann, fällt dieser Vorteil bei der Übung »Gemälde« weg:

Der Student sucht sich ein realistisches, historisches Gemälde (keine Fotografie!) aus, das zwei Personen zeigt, und bringt eine Reproduktion davon mit. Die Reproduktion wird der Gruppe gezeigt und dann für alle sichtbar abgelegt. Der Student beschreibt, was auf dem Bild zu sehen ist. Von dieser Beschreibung ausgehend, erzählt er, was kurz vor der auf dem Bild gezeigten Szene geschah. In einem zweiten Schritt erzählt er, was kurz nach der auf dem Bild gezeigten Szene geschehen wird. Die Gruppe, die das Bild sieht und die Geschichte hört, stellt weitere Fragen. Wenn Zweifel an der Glaubhaftigkeit der Geschichte entstehen, werden diese Zweifel formuliert.

Bei dieser Übung wird sehr schnell klar, ob sich der Student mit den historischen Gegebenheiten, in die die auf dem Bild dargestellten Personen eingebettet sind, auseinandergesetzt hat oder nicht. Hat er das nicht getan, wird seine Fantasie für die Figuren nicht anspringen oder zumindest »holprig« sein. Zusammenhänge werden unglaubhaft, Entwicklungen unrealistisch, Erfindungen für die Figuren unpassend sein. So erfährt der Student rasch, dass er über die Zeit, in der er seine Figuren leben, Bescheid wissen muss.

eigene Notizen:

Übung »Ballwurfmärchen«

Diese Übung ist zur Auflockerung gedacht. Im Gegensatz zu »S-Bahn-Beobachtungen« und »Gemälde« wird hier die Geschichte nicht vorbereitet, sondern entsteht spontan. Logik oder soziale Wahrhaftigkeit spielen dabei eine untergeordnete Rolle, wichtig sind Spontaneität und hemmungsloses Drauflosfantasieren. Bei dieser Übung ist alles möglich, hier wird schließlich ein Märchen erzählt.

Übungsziel: lockeres Fantasieren; Reaktionsschnelligkeit; Fantasie auf Knopfdruck aktivieren

Übungsanleitung: Alle Studenten laufen locker auf der Bühne herum, einer hat einen Ball. Der Student mit dem Ball beginnt, ein Märchen zu erzählen. Plötzlich, mitten im Satz, gibt er den Ball ab und stoppt seine Erzählung. Der Student, der den Ball auffängt, nimmt die Erzählung genau da auf, wo der andere sie abgebrochen hat, und führt sie weiter, bis er seinerseits plötzlich abbricht und den Ball weiterspielt. Zum Beispiel:

Student 1: »Eines Morgens wachte ein kleines Mädchen im Schwabenland viel zu früh auf und schaute aus dem Fenster. Draußen war es noch dunkel. Das ganze Haus war still, nichts regte sich, als plötzlich …«, Student 1 spielt den Ball weiter, Student 2 fängt ihn und setzt fort: »… als plötzlich die Haustür aufging und der Wind mit einem Büschel Laub ein vom Baum gefallenes Vogelnest in den Hausflur wehte, in dem …«, Student 2 gibt den Ball ab, Student 3 fängt ihn und erzählt weiter: »… in dem eine alte Eule saß …«

Es ist günstig, wenn der Student, der die Erzählung aufnimmt, die letzten zwei Worte des vorhergehenden Erzählers wiederholt. So wird die Kontinuität gewahrt.

eigene Notizen:

■ Übung »Von der Wiege zur Bahre«

Übungsziel: Fantasietraining; die spielerische Ausdrucksform für eine Vorstellung finden, bei freier Wahl der Mittel
Übungsanleitung: Diese Übung muss sorgfältig vorbereitet werden. Die Studierenden haben dafür eine Woche Zeit.

Der Spielleiter stellt folgende Aufgabe: Die Studenten sollen den gesamten Lebenslauf einer von ihnen erfundenen fiktiven Figur von der Geburt bis zum Tod spielerisch darstellen. Dazu können sie Sprache, Bewegung, Tanz, Musik, Kostüm, Requisiten … verwenden. Sie machen diese Übung alleine, ohne Partner. Ziel ist es, eine von den Zuschauern nachvollziehbare und beschreibbare Biografie zu spielen.

Die Improvisation sollte nicht weniger als fünf Minuten dauern, kann aber bedeutend länger sein. Die Art der Darstellung muss nicht realistisch sein, auch abstrakte Formen sind möglich. Bei dieser Übung kommt es darauf an, ob sich ein Inhalt vermittelt. Nur dieser Aspekt wird ausgewertet, Geschmacksfragen werden nicht diskutiert.

Bei dieser Übung lernt der Spielleiter die Studenten von einer neuen Seite kennen. Vorlieben für bestimmte Spielweisen zeichnen sich ab und inhaltliche Interessen werden deutlich.

eigene Notizen:

Konzentration und Gedächtnis

Es ist offensichtlich, dass der Schauspieler eine hohe Konzentrationsfähigkeit auch unter widrigsten Bedingungen braucht. Er kann sich nicht darauf verlassen, dass er immer und überall einen ruhigen, geschützten Ort zur Sammlung findet, und sehr wahrscheinlich wird er sich öfter in seinem Berufsleben trotz vehementer privater Turbulenzen auf seine Rolle konzentrieren müssen. Deshalb ist es sinnvoll, Konzentration als eine Fertigkeit zu begreifen, die sich trainieren und festigen lässt.

Übung »Schreibmaschine«

Übungsziel: Verbesserung der Konzentrationsfähigkeit; Verbesserung der Gedächtnisleistung; Rhythmusgefühl; Ensemblespiel: Stichworte hören, Einsätze üben

Übungsanleitung: Die Gruppe sitzt im Halbkreis auf Stühlen. Der Spielleiter benennt einen Studenten, der den Buchstaben A bekommt. Der Student rechts von ihm bekommt das B, der rechts von dem C, der nächste D, …, das ganze Alphabet durch. Abhängig von der Größe der Gruppe bekommt jeder zwei, drei, mancher sogar vier Buchstaben. Die Studenten sind angehalten, sich ihre Buchstaben zu merken.

Dann wählt der Spielleiter einen Satz. Dieser Satz kann vorher ausgedacht oder einem Schriftstück, das im Raum liegt, entnommen sein, zum Beispiel: »Tief Harald wird am Sonntag und Montag große Regenmengen nach Berlin bringen.«

Der Spielleiter veröffentlicht den von ihm gewählten Satz, die Studenten wiederholen ihn und merken sich den Wortlaut. Auf ein Zeichen des Spielleiters hin beginnen sie, diesen Satz zu buchstabieren, indem jeder seinen Buchstaben laut nennt und dabei aufsteht. Beim Wortende stehen alle auf und klatschen zwei Mal in die Hände. Wichtig ist, dass dabei ein Metrum entsteht: Das Buchstabieren soll so regelmäßig und exakt klingen wie das Tippen einer geübten Schreibkraft.

Variante 1: Schreibmaschine stumm: wie zuvor, aber die Studenten, deren Buchstabe dran ist, stehen nur auf, ohne ihren Buchstaben laut zu nennen. Anmerkung: Diese Variante ist eine Herausforderung!

Variante 2: Das Buchstabieren wird situativ eingebettet: sehr leise sein, weil nebenan ein Kind schläft; besonders schnell sein, weil das Büro in einer Minute schließt; extrem gelangweilt, weil der Text immer derselbe ist; …

Variante 3: Der Spielleiter gibt einen Beatboxrhythmus vor. Die Studenten übernehmen diesen Rhythmus und setzen ihn, statt des Aufstehens, vor ihren Buchstaben. Das Aufstehen und In-die-Hände-Klatschen am Wortende bleibt bestehen.

eigene Notizen:

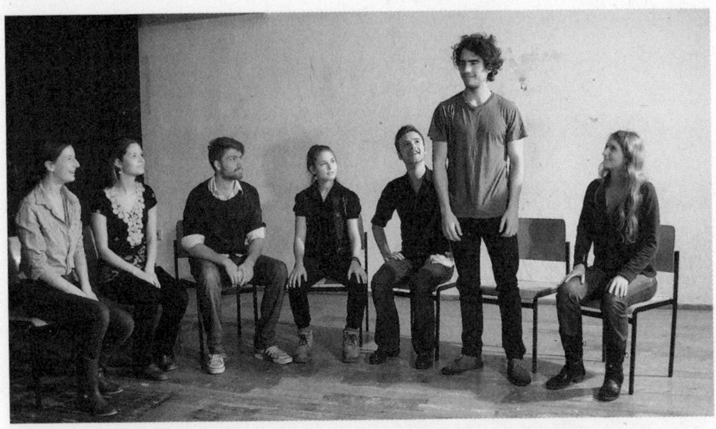

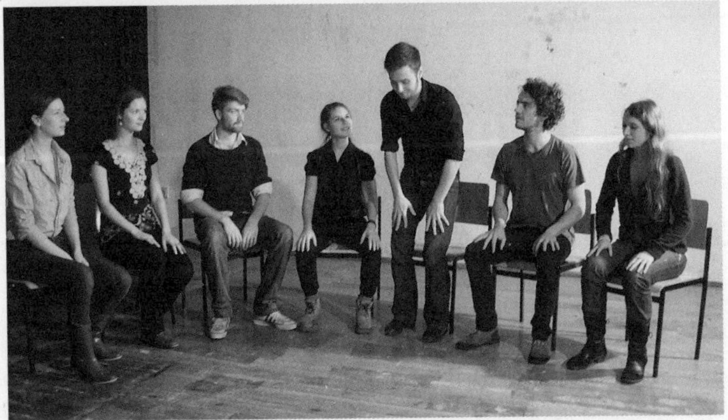

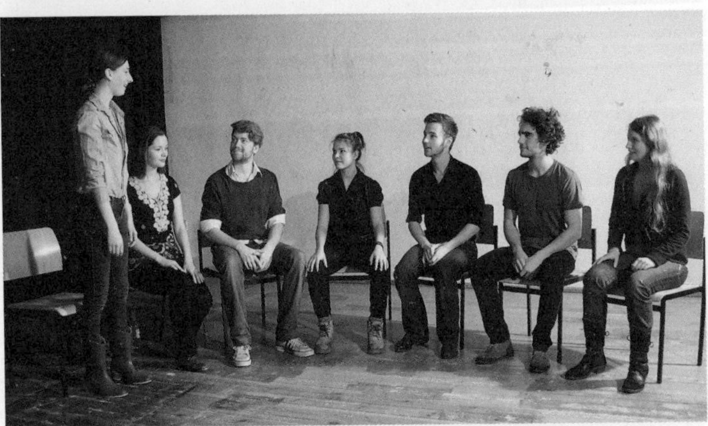

Schreibmaschine

Übung »Geräusche«

Übungsziel: Verbesserung der Konzentrationsfähigkeit; genaues Hinhören

Übungsanleitung: Zwei Studenten stehen hintereinander auf der Bühne. Der vordere macht fünf Geräusche: mit der Stimme und mit dem Körper. Der hintere macht diese fünf Geräusche anschließend in der richtigen Reihenfolge nach. Der Rest der Gruppe kontrolliert die Richtigkeit der Abfolge. Anmerkung: Je ähnlicher sich die Geräusche sind, desto schwerer ist das Nachmachen.

eigene Notizen:

Übung »Rattenfänger«

Übungsziel: Verbesserung der Konzentration; genaues Hinhören; Sensibilität; Verantwortung für Partner; Kommunikation ohne Worte

Übungsanleitung: Ein Student stellt sich an die eine Bühnenwand. Er denkt sich drei Geräusche aus, die er, wenn erforderlich, alle drei gleichzeitig machen kann, z. B. ein Summen mit der Stimme, ein Klopfen mit dem Fuß, ein Klappern mit dem Schlüsselbund. Währenddessen setzten sich drei Studenten auf den Boden nahe der gegenüberliegenden Bühnenwand und schließen die Augen. Ihre Augen bleiben während der gesamten Übung geschlossen.

Der Student, der sich die Geräusche ausgedacht hat, beginnt nun, eines dieser Geräusche zu machen, also zum Beispiel mit dem Schlüsselbund zu rasseln. Dabei hat er die feste Absicht, einen bestimmten der drei sitzenden Studenten mit diesem Rasseln in Bewegung zu bringen. Der sitzende Student, der sich von dem Geräusch angesprochen fühlt, beginnt sich zu bewegen, sobald er das Geräusch hört. Ist es der Student, den der Geräuschemacher gemeint hat, setzt er das Geräusch fort und lässt den anderen eine Weile dazu tanzen. Ist es der falsche Student, hört er abrupt mit dem Geräusch auf, wartet, bis der andere das Zeichen verstanden und aufgehört hat, sich zu bewegen und beginnt dann nach einer kurzen Pause erneut mit seinem Schlüsselrasseln.

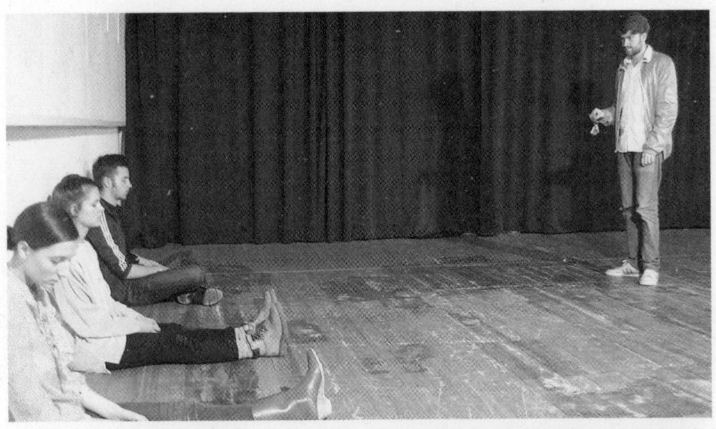

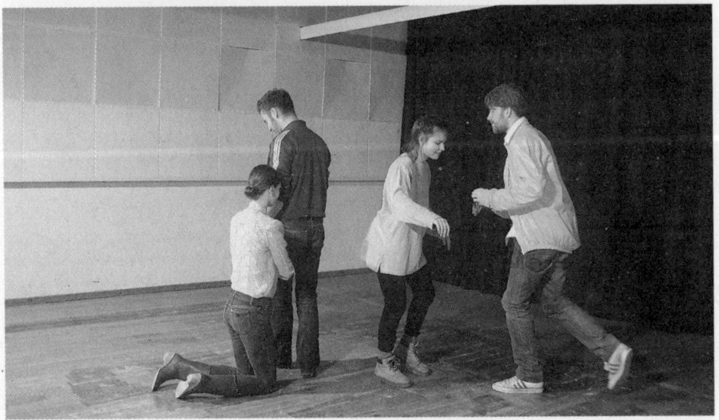

Rattenfänger

Das macht er so lange, bis jeder der drei sitzenden Studenten sein Geräusch identifiziert hat. Wenn es soweit ist, kann der Geräuschemacher vorsichtig beginnen, die Studenten mit den geschlossenen Augen mit seinen Tönen durch den Raum zu bewegen. Durch die Qualität der Geräusche kann er Schnelligkeit und Intensität der Bewegungen steuern, er kann zwei oder auch alle drei Studenten sich gleichzeitig bewegen und sich begegnen lassen und so, nur über die Geräusche und das, was sie bei seinen Mitspielern auslösen, eine Geschichte erzählen.

eigene Notizen:

Übung »ABC-Kreis«

Übungsziel: Konzentration unter Druck; Konzentration in der Geschwindigkeit

Übungsanleitung: Die Studenten bilden einen Kreis. Ein Student steht mit geschlossenen Augen in der Mitte. Einer der im Kreis stehenden Studenten hat einen Ball in der Hand und gibt ihn an seinen rechten Nachbarn weiter, der ihn seinerseits an seinen rechten Nachbarn weitergibt und so fort. Der Ball wandert also beständig im Kreis. Der in der Mitte stehende Student sagt stumm für sich das Alphabet auf und stoppt plötzlich bei einem Buchstaben, den er laut nennt. Derjenige, der in dem Moment den Ball in der Hand hat, muss auf der Stelle den Ball an seinen Nachbarn weitergeben und fünf Substantive bilden, die mit dem genannten Buchstaben beginnen. Zum Beispiel: »N« – »Neuronen«, »Nagetier«, »Nuss«, »Nagel«, »Nässe« (Namen sind nicht erlaubt). Während der Student die Substantive sucht, geben die anderen den Ball nun so schnell wie möglich weiter im Kreis herum. Landet der Ball wieder bei dem Studenten bevor er die fünf Worte gefunden hat, hat er verloren und muss in die Mitte des Kreises treten. Hat er die fünf Substantive gefunden, bevor der Ball bei ihm ankommt, hat er gewonnen und verbleibt im Kreis.

Anmerkung: Um zu ermöglichen, dass jeder im Kreis einmal Substantive suchen muss, kann der Spielleiter nach einigen Durchgängen die Reihenfolge steuern, indem er den in der Mitte stehenden Studenten mit den geschlossenen Augen durch ein lautes »Jetzt« auffordert, seinen Buchstaben dann zu sagen, wenn der Ball gerade bei einem Studenten ist, der noch nicht dran war.

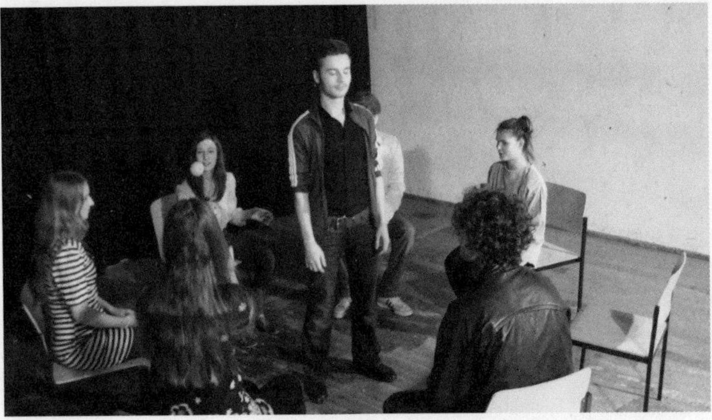

ABC-Kreis

eigene Notizen:

Übung »Sechs Punkte im Raum«

Übungsziel: Konzentrations- und Gedächtnistraining; Sensibilität und Aufmerksamkeit für die Partner trotz hoher Konzentration auf eine andere Aufgabe; Aufmerksamkeitsteilung

Übungsanleitung:

1. Schritt: Der Spielleiter sucht sich sechs möglichst auf verschiedenen Ebenen und in verschiedenen Ecken des Raumes gelegene Punkte und gibt jedem Punkt eine Zahl von 1 bis 6. Die Punkte bezeichnen reale Gegenstände im Raum, zum Beispiel: Steckdose rechts unten, linke obere Raumecke, Glühbirne auf halber Höhe vorn. Die Studenten sitzen in einer Reihe auf Stühlen in der Bühnenmitte. Die Punkte sind in einem 360-Grad-Radius um sie angeordnet. Der Spielleiter teilt den Studenten die von ihm gewählten Punkte und ihre numerische Zuordnung mit. Auf das laute Ausrufen einer der Zahlen blicken die Studenten auf den mit der Zahl gemeinten Punkt. Das passiert nur durch

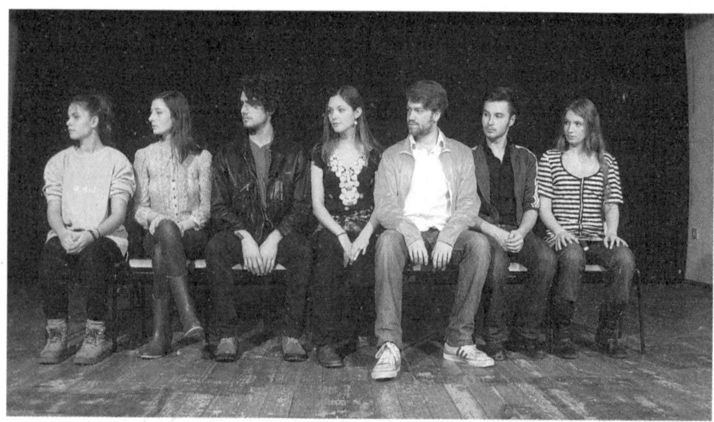

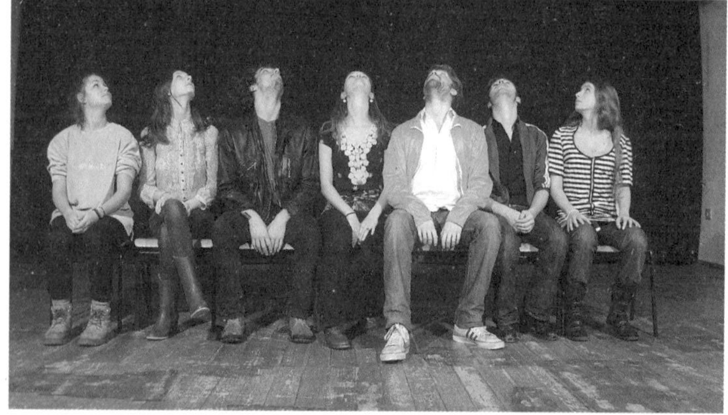

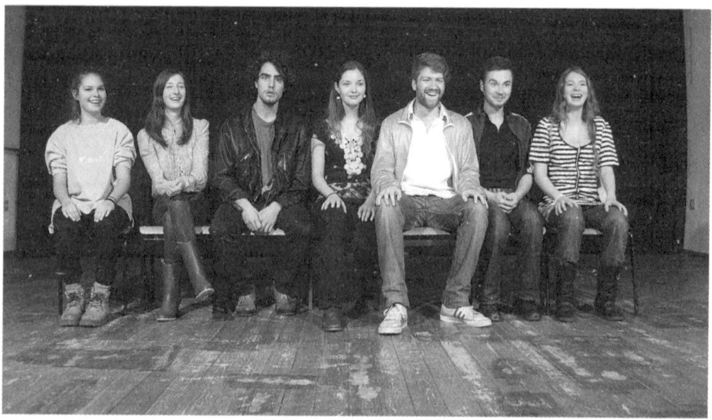

Sechs Punkte im Raum

das Drehen des Körpers, nicht durch Stühlerücken. Der Spielleiter kann die Übung schwieriger machen, wenn er drei oder vier Zahlen hintereinander nennt, die dann auch in dieser Reihenfolge und im vorgegebenen Rhythmus anvisiert werden müssen.

2. Schritt: Der Spielleiter benennt sechs neue Koordinaten im Raum. Die Studenten sitzen nebeneinander auf Stühlen. Auf ein Zeichen des Spielleiters beginnen sie alle gleichzeitig und im selben Rhythmus die sechs Punkte, beginnend mit Punkt eins, der Reihe nach anzuvisieren. Geschwindigkeit und Metrum finden die Studenten durch sensibles Beobachten und indem sie sich aufeinander einstellen, nicht durch verbale Kommunikation. Geredet wird während der gesamten Übung nicht.

eigene Notizen:

Übung »Fünf Zeichen«

Übungsziel: Training von Gedächtnis und Konzentrationsfähigkeit in der Gruppe; Lockerung nach langem Sitzen

Übungsanleitung: Der Spielleiter stellt, je nach Gruppengröße, drei oder vier Stühle auf die Bühne. Er denkt sich fünf Laute aus und verbindet jeden dieser Laute mit einer speziellen Bewegungsaufgabe.

Zum Beispiel:

- einmal auf den Tisch schlagen = die Studenten legen sich auf den Bauch
- laut »Heppa!« rufen = kein Bein bleibt am Boden, das heißt, alle Studenten stehen gedrängt auf den Stühlen
- mit dem Fuß aufstampfen = jeder fasst einen Mitstudenten beim Knöchel
- einmal in die Hände klatschen = alle stellen sich mit dem Rücken zur Wand
- zweimal in die Hände klatschen = alle gehen in die Hocke

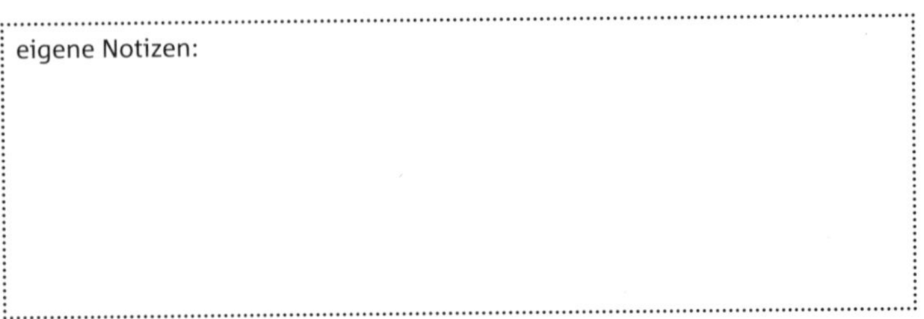
eigene Notizen:

Übung »Der heiße Stuhl«

Diese Übung soll die Zusammenarbeit von rechter und linker Gehirnhälfte verbessern. Sie kann nicht durch bloßes Wollen, Disziplin und Ehrgeiz gelöst werden, sondern erfordert die Bereitschaft, sich der Übung hinzugeben, den *Flow*.

Übungsziel: Einüben von Aufmerksamkeitsteilung
Übungsanleitung: Die Studenten teilen sich in Vierergruppen auf. Sie bestimmen, wer A, B, C und D ist. Jeder von ihnen hat einen Stuhl. Die Stühle werden in Kreuzform angeordnet. A und B sitzen sich auf der einen Achse gegenüber, B und D auf der anderen.

A ist der Student auf dem heißen Stuhl.

Der ihm gegenüber sitzende B beginnt langsame, nachvollziehbare Bewegungen zu machen, die A spiegeln muss. Diese Bewegungen können zuerst, zur Eingewöhnung, nur mit den Armen gemacht werden. Später dann sollte der ganze Körper beteiligt sein, inklusive Aufstehen. A spiegelt B ohne Unterbrechung während der ganzen Dauer der Übung.

Nachdem A B eine Weile gespiegelt hat, setzt C ein und stellt A, der weiter spiegelt, eine Rechenaufgabe. Die soll nicht allzu schwer, auf keinen Fall aber zu leicht sein. A liefert die Lösung. Kaum hat er das Ergebnis der Rechenaufgabe geliefert, übernimmt D und stellt A eine persönliche, emotionale Frage, die nicht mit Ja oder Nein beantwortet werden kann. Also nicht etwa: »Magst du Schokoladeneis?«, sondern zum Beispiel: »Was war dein schlimmstes Erlebnis in einem Zug der Deutschen Bahn«?

In dem Moment, in dem A seine Geschichte fertig erzählt hat, stellt C die nächste mathematische Aufgabe und so weiter und so fort, bis der Spielleiter die Übung abbricht.

A ist also während der gesamten Zeit spiegelnd in Bewegung und beantwortet dabei ohne Pause Fragen, die abwechselnd seine rechte (persönliche Fragen) und seine linke (Rechenaufgaben) Gehirnhälfte fordern. Dabei ist es unerheblich, ob C oder D links oder rechts von A sitzen.

eigene Notizen:

■ Übung »Sing a Song«

Übungsziel: Verbesserung der Konzentration; schnell reagieren; aufeinander hören; Rhythmus etablieren und in der Gruppe halten
Übungsanleitung: Die Gruppe einigt sich auf ein Lied, das alle singen können, und stellt sich im Halbkreis auf. Der Spielleiter hält einen Stift gut sichtbar in der Hand und legt folgende Regeln fest:

- Wenn der Stift mit der Spitze nach oben zeigt, singen alle das Lied in voller Lautstärke.
- Wenn der Stift waagerecht gehalten wird, nehmen alle gleichzeitig den Ton weg und singen stumm weiter.
- Wenn der Stift mit der Spitze nach unten zeigt, singen alle im Pianissimo.

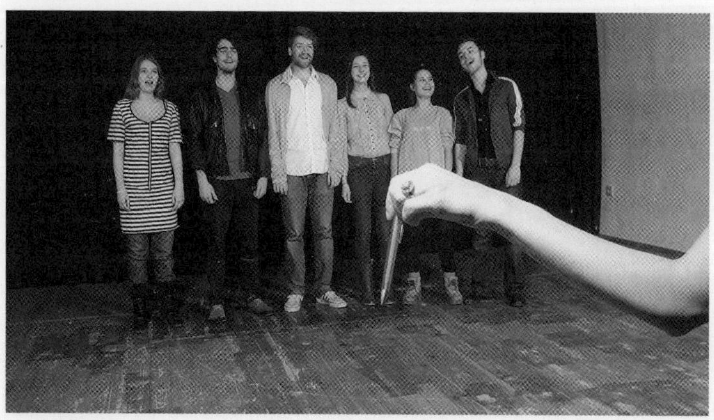

Sing a Song

Der Spielleiter kann die Übung schwieriger machen, indem er den stummen Teil ausdehnt und ansonsten schnell wechselt.

eigene Notizen:

Worte sind nicht alles

Die folgenden Übungen zielen auf die Erkenntnis ab, dass der Inhalt einer Geschichte nur ein kleiner Teil dessen ist, was ein Erzähler kommuniziert. Sie relativieren die Wichtigkeit der semantischen Information. Es ist wichtig für die Studenten zu begreifen, dass nonverbales Kommunikationsverhalten für sie in Zukunft mindestens genauso wichtig sein wird wie verbales.

■ Übung »Ich sehe was, was du nicht siehst«

Übungsziel: Lenken der Aufmerksamkeit auf den nicht semantischen Anteil der Kommunikation; Beschreibung und Würdigung dieses Anteils

Übungsanleitung: Die Gruppe wird in Paare eingeteilt. Jedes Paar bestimmt, wer von ihnen A ist und wer B. Alle As verlassen den Raum. Die Bs bekommen dann den Auftrag, ihren jeweiligen Partner zu veranlassen, ihnen eine emotionale Geschichte zu erzählen. Zum Beispiel: »Erzähl wie es war, als du an der Schule angenommen wurdest.« Dabei sollen die Bs weniger auf den Inhalt, also *was* erzählt wird, achten, als vielmehr darauf, *wie* erzählt wird: auf Stimme, Artikulation, Körpersprache, Mimik und Gestik.

Die As werden hereingeholt, setzten sich den Bs gegenüber auf einen Stuhl und beginnen nach Aufforderung zu erzählen.

Am Ende der Übung klären die Bs die As über ihre eigentliche Aufgabe auf und beschreiben ihre Beobachtungen, zum Beispiel: »Du hast dir sehr oft mit der linken Hand an die Stirn gefasst und dich dabei gleichzeitig geräuspert. Wenn es um Gefühle ging, ist deine Stimme hoch geworden, als du von der Entscheidung gesprochen hast, fingst du an zu stottern …«

Diese Übung basiert auf dem Überraschungseffekt und funktioniert nur einmal, d.h. ohne Partnerwechsel

eigene Notizen:

Übung »Kauderwelsch«

Übungsziel: Steigerung der vorherigen Übung; erfahren, dass sich Inhalt auch ganz ohne semantischen Zusammenhang vermitteln lässt

Übungsanleitung: Die Gruppe wird in Paare aufgeteilt. A und B stehen beieinander. A bittet B ihm zu erzählen, was er am vorigen Abend gemacht hat. Für diese Erzählung soll B eine Kauderwelschsprache benutzen. Wichtig ist, dass diese Sprache keinerlei semantischen Zusammenhang hat, also aus inhaltslosen Lautfolgen besteht. B beginnt zu erzählen. Nach jeder Sinneinheit verbalisiert A das, was er verstanden hat und versichert sich, dass er damit richtig liegt, beispielsweise: »Du hast also den Kühlschrank aufgemacht, der war leer und du warst wütend, ja?«

Wenn B die Geschichte fertig erzählt hat, tauschen die Partner die Rollen. Jetzt erzählt A in Kauderwelsch, was er am Morgen gemacht und wie er z. B. zum Kurs gekommen ist.

Am Ende der Übung tauscht die Gruppe ihre Erfahrungen aus.

eigene Notizen:

Übung »Orchesterprobe«

Übungsziel: nonverbale Kommunikation mit der Gruppe; nonverbal eindeutig sein; nonverbal seine Absichten durchsetzen; eine Gruppe über längere Zeit ohne Worte zum Zusammenspiel bringen

Übungsanleitung: Der Spielleiter hat die Gruppe einige Tage bevor er diese Übung ansetzt gebeten, am Übungstag tragbare Instrumente mitzubringen. Das sind wahrscheinlich Flöten, Gitarren, eine Violine, Rasseln, verschiedene Rhythmusinstrumente, eine Mundharmonika, ... Jedes Mitglied der Gruppe sollte ein Instrument zur Verfügung haben.

Der Spielleiter bittet jeden in der Gruppe, sich ein Thema für ein Musikstück auszudenken, das er mit den Kollegen in Töne umsetzen will. Das Thema kann sowohl konkret als auch abstrakt sein, alles von »Russische Bauernhochzeit« bis »Licht« ist möglich.

Die Gruppe sitzt mit den Instrumenten auf Stühlen im Halbkreis. Dann tritt ein Student mit seinem Thema vor die Gruppe, nennt es und beginnt, von jetzt an strikt nonverbal, als Dirigent seine Klangvorstellung mit den Mitstudenten umzusetzen. Alles geschieht jetzt ausschließlich mit und durch den Körper, Einsätze werden gegeben, Lautstärken reguliert, Instrumente aus dem Spiel herausgeholt, Soli verteilt, Stimmen dazugeholt, ... bis das Stück so klingt, wie es dem Dirigenten gefällt.

Der Dirigent beginnt das Stück, baut es dynamisch bis zu seinem Höhepunkt auf und lässt es dann wieder verklingen. Oder verwendet ein anderes rhythmisches Konzept.

Wichtig ist, dass er, was immer seine Absicht sein mag, der Gruppe klar und deutlich kommuniziert, was sie zu tun hat. Jeder muss wissen, was der Dirigent in jedem Moment der Übung von ihm will und keiner in der Gruppe darf darüber im Unklaren sein, was wann seine Aufgabe ist.

Ist das Stück beendet, bedankt sich der Dirigent bei seinen Musikern.

Der Spielleiter fragt die Erfahrung, die die Gruppe gemacht hat, ab.

Diese Übung kann erstaunliche Qualität hervorbringen. Sie kann aber vom Zuhörer auch starke Nerven fordern.

eigene Notizen:

Sensibilität

Zumindest auf der Bühne sensibel mit sich selbst, mit dem Partner und mit der Situation umzugehen ist eine weitere Grundvoraussetzung für den Schauspielerberuf. Ähnlich wie Fantasie kann man auch Sensibilität nicht erlernen. Ein Grundstock muss schon vorhanden sein und ist wohl Teil dessen, was man unter den Begriffen »Begabung« und »Talent« zusammenfasst. Jeder kann allerdings durch Bewusstmachung und Üben vorhandene Sensibilität weiterentwickeln und verfeinern. Und lernen, seiner Sensibilität zu vertrauen und im kreativen Prozess auf sie zu bauen.

■ Übung »Fingerführung«

Übungsziel: Sensibilität für den Partner und seine Bedürfnisse entwickeln; auf nonverbale Zeichen des Partners reagieren und das eigene Verhalten den Bedürfnissen des Partners anpassen; Auf- und Ausbauen von Vertrauen in den Partner

Übungsanleitung: Die Gruppe bildet Paare und legt innerhalb der Paare fest, wer A ist und wer B. Die Gruppe B verlässt den Raum. Die Gruppe A baut nun mit dem vorhandenen Mobiliar im gesamten Raum Hindernisse auf: Stühle und Tische zum Draufstehen und Untendurchklettern, eine schräge Bank, die Bodenbeschaffenheit wird, wenn möglich, verändert durch Decken oder Matten, Türen werden geöffnet, … Dann holen die As ihre jeweiligen Partner aus Gruppe B und bitten sie – noch außerhalb des Raumes – die Augen zu schließen. Sie etablieren Fingerkontakt, das heißt, der sehende Partner A berührt mit der Spitze seines Zeigefingers leicht die Spitze des Zeigefingers seines Partners B, der die Augen geschlossen hält. Dann führt A seinen Partner B sehr vorsichtig, nur an der Spitze des Zeigefingers, in und durch den Raum und bewegt ihn dabei durch die aufgebauten Hindernisse, die B nicht antizipieren kann, weil er sie ja noch nie gesehen hat und nicht mit ihnen rechnet. Wichtig ist es, dabei vorsichtig, aber nicht übervorsichtig mit dem Partner umzugehen und das Vertrauen, das der nicht sehende Partner in den sehenden setzt, langsam und kontinuierlich aufzubauen und auszuweiten. Am Ende der Übung sollten sich die Paare schnell und geschmeidig zusammen durch den Raum bewegen.

Nach dem ersten Durchgang verlassen die As den Raum, und die Bs bauen ihn erneut um. Dann wird die Übung wiederholt. Während der Übung wird nicht gesprochen.

eigene Notizen:

Variante zur Übung »Fingerführung«

Übungsziel: wie zuvor, aber zusätzlich noch die geistige Konzentration auf ein vom Partner zu erreichendes Ziel

Übungsanleitung: Nach der Fingerführung kann eine Variante mit gesteigertem Schwierigkeitsgrad probiert werden. Die Partner von der Fingerführung bleiben beisammen. Kein Partnertausch.

A und B stehen sich gegenüber. Die Augen von A sind offen, B hat sie geschlossen. Beide halten die geöffneten Handflächen auf Brusthöhe. A führt seine geöffneten Handflächen so nah an die von B heran, dass sie sich fast berühren. Die Partner warten darauf, dass sich ein Kontakt über die Wärme der Handflächen herstellt. Sobald das der Fall ist, versucht A seinen Partner zu bewegen. Und das ohne tatsächliche Berührung, nur über das Spüren der sich verändernden Wärme der sich vor, zurück, nach oben, nach unten, nach rechts und nach links bewegenden Handflächen. Das wird nur in sehr viel kleinerem Umfang möglich sein als bei der Fingerführung.

Wichtig bei dieser Übung ist die geistige Konzentration auf den anderen und die feste Absicht, den Partner zu einer vorher genau gedachten Bewegung zu bringen. Diese Übung braucht Zeit, Ruhe und eine gewisse Frustrationstoleranz. Dann aber kann sie erstaunlich gut funktionieren.

eigene Notizen:

■ Übung »Anschleichen«

Übungsziel: genaues Wahrnehmen; Erspüren des Partners in einer angespannten Situation; Trennen von Fantasie und Wahrnehmung; Vertrauen in den eigenen Impuls

Übungsanleitung: Aus der Gruppe werden ein Partner A und ein Partner B gewählt. Die beiden gehen mit einem Stuhl auf die Bühne, der Rest der Gruppe setzt sich und schaut zu. Die Übung sollte in einem Raum stattfinden, in dem der Boden nicht knarrt.

A stellt den Stuhl nahe der einen Wand des Raumes auf und setzt sich mit dem Rücken zu B, der an der gegenüberliegenden Wand des Raumes steht. Stuhllehne und Rücken von A zeigen also zu B. Der Spielleiter geht zu A und verbindet ihm die Augen. A wird davon in Kenntnis gesetzt, dass B gleich in böser Absicht und vollkommener Stille auf ihn zuschleichen und, wenn möglich, die Hände um seinen Hals legen wird. A soll in dem Moment, in dem B die Hände hebt, um ihn zu würgen, seinerseits die Hand heben, um den Vorgang zu stoppen. Wichtig dabei ist, dass A die Hand im genau richtigen Moment hebt, nicht zu früh und nicht zu spät.

Sobald völlige Ruhe im Raum eingekehrt ist, beginnt die Übung. B kann A beim Anschleichen täuschen, er kann vor- und zurückgehen oder andere Strategien entwickeln, um mit der Wahrnehmung, aber auch der Fantasie seines Partners zu spielen, um ihn so dazu zu bringen, zu früh oder zu spät zu reagieren.

Nach einem Durchgang werden entweder die Rollen getauscht oder, bei Erschöpfung, ein neues Paar gewählt.

Die zuschauenden Mitstudenten beschreiben, was sie gesehen haben, und teilen der Gruppe eventuelle Erkenntnisse mit.

eigene Notizen:

Übung »Gut oder böse«

Übungsziel: erfahren, dass eine geistige Absicht sich auf den Partner überträgt; erfahren, dass die eigene Haltung im Partner eine Reaktion auslöst

Übungsanleitung: Ein Student setzt sich auf einen Stuhl auf der Bühne, ein zweiter stellt sich hinter ihn. Alle anderen Studenten sitzen unten und schauen zu.

Der sitzende Student schließt die Augen. Der hinter dem Stuhl stehende Student tritt einen Schritt zurück und fasst eine Absicht: gut oder böse. Hat er sich entschlossen, tritt er mit dieser Absicht wieder hinter den Stuhl an seinen Partner heran und fixiert ihn. Wichtig dabei ist, dass die Absicht innerlich klar ausformuliert und konkret gedacht ist, zum Beispiel: »ich liebe dich«, »ich hasse dich«, »ich will dich umarmen«, »ich will dich töten«. Der sitzende Student benennt, sobald er sich darüber im Klaren ist, die Absicht des ihn fixierenden Studenten: gut oder böse.

Die Partner gleichen das Ergebnis miteinander ab.

Die zuschauenden Mitstudenten beschreiben, was sie gesehen haben.

eigene Notizen:

■ Übung »Magic«

Übungsziel: Erfahren, dass eine Absicht Handlung auslöst; Vertrauen in den ersten Impuls; Schärfung von Sensibilität

Übungsanleitung: Vier Studenten werden gebraucht. Drei setzen sich in einigem Abstand voneinander auf gleicher Höhe mit dem Gesicht zum Zuschauerraum auf Stühle. Einer sitzt also ganz links, einer in der Mitte und einer ganz rechts auf der Bühne. Alle drei haben die Augen geschlossen. Der vierte Student steht in angemessenem Abstand, also nicht zu nah, hinter den dreien in der Mitte der Bühne. Der Rest der Studenten sitzt unten und beobachtet.

Der stehende Student hat seinen Blick von den sitzenden abgewandt und entscheidet, welchen der drei er gleich fixieren wird. Hat er seine Wahl getroffen, wirft er seinen Blick mit aller zur Verfügung stehenden geistigen Energie und Willenskraft auf den gewählten Partner und schaut ihn von da an kontinuierlich mit der Absicht an, ihn zu erreichen. Wichtig ist, dass der Student nie leer schaut, sondern mit seinem Blick immer beim Partner etwas bewirken will. Diese Übung kann nur gelingen, wenn eine starke Absicht auf der einen Seite auf erhöhte Sensibilität auf der anderen Seite trifft.

Die Aufgabe der drei sitzenden Studenten ist es nämlich, zu erspüren, wer von ihnen angeschaut wird, wer »gemeint« ist. Fühlt einer der drei sich vom Partner hinter ihm »gemeint«, also fixiert, hebt er die Hand, um das anzuzeigen. Das kann nach wenigen Sekunden oder erst nach längerer Zeit geschehen. Meldet sich einer der Sitzenden und ist nicht gemeint, teilt der Spielleiter ihm das mit und die Übung geht weiter. Der Nichtgemeinte bleibt danach ruhig sitzen, bis der richtige Student sich gemeldet hat und die Übung damit zu Ende ist.

Das Interessanteste an dieser Übung für die unten sitzenden Beobachter ist, zu sehen, dass der Körper desjenigen, der fixiert wird, (oft) schon lange sichtbar reagiert und den Impuls zum Handheben gesendet hat, während der Intellekt immer noch weiter mit dem Impuls kämpft und ihn schließlich (meistens) unterdrückt. Der Kampf zwischen Impuls und Rationalisierung ist selten so genau und eindeutig zu beobachten wie bei dieser Übung. Für den Schauspieler, der den Mut entwickeln muss, seinen Impulsen in der Spielsituation unbedingt zu vertrauen und ihnen nachzugehen, ist es wichtig, dass andere ihm beschreiben, was passiert, wenn er einen Impuls unterdrückt.

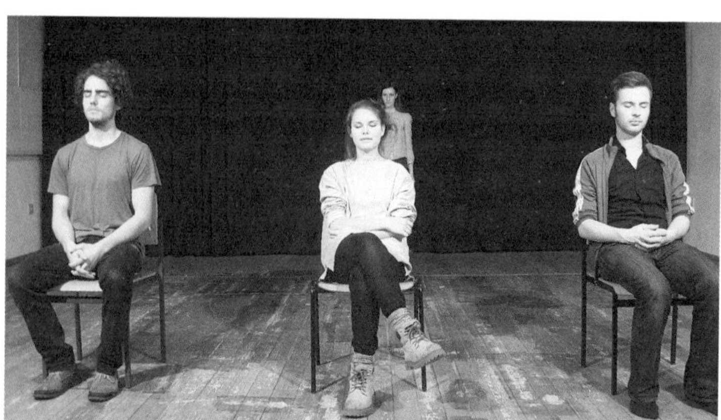

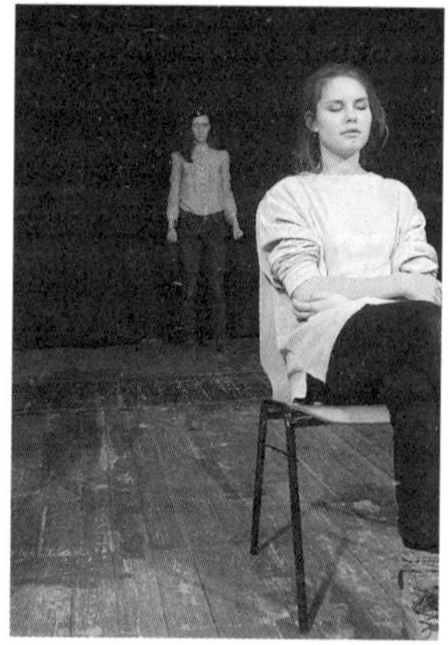

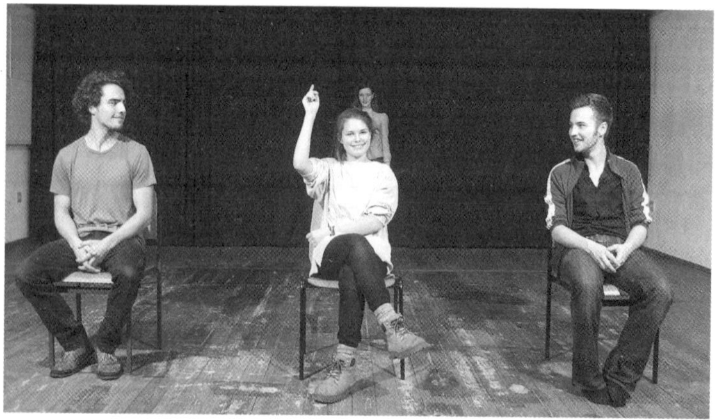

Magic

eigene Notizen:

Übung »Zug um Zug«

Übungsziel: lernen, aufeinander zu reagieren und *nacheinander* zu spielen: aufnehmen – bewerten – reagieren

Übungsanleitung: Zwei Studenten stehen auf der Bühne. Sie schauen einander an und nehmen über den Blick Kontakt zueinander auf. Ein Student macht aus dieser Partnerbeziehung heraus eine Bewegung: Er geht auf den Partner zu oder bewegt sich von dem Partner weg. Diese Bewegung ist ein Zug. Der Partner nimmt sich Zeit, den Zug seines Gegenübers zuerst aufzunehmen, dann zu bewerten und schließlich darauf mit einem eigenen Zug zu reagieren: Er geht jetzt seinerseits auf den Partner zu oder von ihm weg. Das kann in alle Richtungen geschehen, nach vorn, nach hinten, nach rechts oder nach links. Nach vorhergegangenem Aufnehmen und Bewerten macht nun der erste wieder einen Zug, dann wieder der zweite. Das bis zu maximal sechs Zügen.

Für die Zuschauer wird bald klar, dass sich aus dem konkreten Reagieren der Spieler aufeinander automatisch eine gestische Beziehung zwischen ihnen ergibt. Die Positionen im Raum geben Aufschluss über das Verhältnis der Spieler zueinander. Außerdem zeigt sich klar, dass eine Beziehung zwischen Figuren auf der Bühne nur entstehen kann, wenn jeder Partner sein Handeln aus dem Handeln des anderen entwickelt. In den Zug des anderen hineinzuagieren, also überlappendes Spiel, ist solistisch und zerstört die Partnerbeziehung.

Diese Übung sollte unbedingt von jedem Studenten gemacht werden.

eigene Notizen:

Auflockerungsübungen

Es gibt Situationen, in denen die Aufmerksamkeit der Studenten im Seminar deutlich nachlässt. Das mag an der Tageszeit liegen oder auch daran, dass der vorhergegangene Abschnitt anstrengend, im Ergebnis wenig befriedigend oder mit langem Sitzen verbunden war. Dem Aufmerksamkeitsdefizit kann man durch eine Pause, Lüften des Raumes oder Übungen zur Auflockerung entgegenwirken.

Auflockerungsübungen sind auch gute »Rausschmeißer« am Ende einer vierstündigen Unterrichtseinheit. Da sie zur Entspannung und Entkrampfung dienen, gibt es nach diesen Übungen keine Auswertung und keine Kritik. Es gibt auch keine Kriterien für »besser« oder »schlechter«.

■ Übung »Mörderspiel«

Übungsziel: Aktivierung; Spiellust; Raumerfahrung; Selbstvertrauen; lässt Puls und Blutdruck hochschnellen

Übungsanleitung: Der Spielleiter dunkelt den Raum ab. Die Bühne ist leergeräumt und ohne Hindernisse. Die Gruppe geht auf die Bühne, *alle* schließen die Augen und halten sie während des gesamten Spiel geschlossen.

Der Spielleiter geht langsam durch die Gruppe auf der Bühne und berührt dabei den Studenten, den er zum Mörder wählt, deutlich wahrnehmbar an der Schulter. Hat er seine Wahl getroffen, verlässt er die Bühne, stellt sich an den Bühnenrand und eröffnet das Spiel mit den Worten: »Der Mörder ist unter euch«. Der Spielleiter passt auf, dass kein Spieler mit geschlossenen Augen von der Bühne fällt oder sich sonst verletzt.

Der Mörder beginnt nun, seine Kollegen einen nach dem anderen zu fangen und ihnen dann die Hände um den Hals zu legen. Hat er einen Kollegen auf diese Art festgehalten, »stirbt« dieser mit schaurigem Todesschrei, öffnet die Augen, geht von der Bühne und hilft dem Spielleiter beim Aufpassen vom Bühnenrand aus.

Das Spiel ist zu Ende, wenn der Mörder alle erwischt hat und alleine auf der Bühne ist.

Diese Übung ist auch für die Zuschauer, also die bereits »erlegten« Opfer des Mörders, packend. Je weniger Spieler auf der Bühne sind, desto spannender werden die Strategien, die die verbliebenen anwenden müssen, um der Aufmerksamkeit des Mörders zu entgehen, sich also z. B. ganz klein machen, am Bühnenrand erstarren und sich gar nicht mehr bewegen, abrupter Wechsel zwischen Bewegungslosigkeit und Losrennen. Man kann bei dieser Übung auch viel über Spannung, Spannunghalten und Pausen lernen.

eigene Notizen:

Übung »Der Kaiser«

Übungsziel: Auflockerung; Fantasie; Spiellust; Stärkung der Gruppe

Übungsanleitung: Die Gruppe wählt einen Kaiser. Dieser kann sich wünschen, was er will, die Gruppe wird es mit den ihr zur Verfügung stehenden gegenständlichen und schauspielerischen Mitteln für ihn erschaffen. Er könnte also sagen: »Ich wünsche mir einen Bentley. An meiner Seite sitzt Emma Peel. Wir trinken Champagner und aus dem Autoradio kommt tolle Musik.« Nachdem die Gruppe all das zu seiner Zufriedenheit hergestellt hat, kann er das Szenario wechseln: »Und jetzt reiste ich auf einem Kamel durch die Wüste. Es ist heiß. Vor mir erscheint eine Fata Morgana. Ich komme in eine Oase, mir wird Kühlung zugefächelt.« Der Kaiser kann immer neue Ansprüche anmelden, Rügen verteilen, mehr Komfort einfordern oder auf effizienterer Leistung bestehen. Nach einer Weile wird der Kaiser ausgewechselt.

Bei dieser Übung wird es meistens drunter und drüber gehen und Ansprüche an die Konkretheit der Fantasie werden höchstwahrscheinlich enttäuscht werden. Da es aber um Spontaneität, Spiellust und überbordendes Austoben geht, ist das auch nicht weiter wichtig und sollte in diesem Zusammenhang nicht thematisiert werden.

eigene Notizen:

Übung »Ochs am Berg«

Übungsziel: Verbesserung der Reaktionsgeschwindigkeit; Agieren aus der Körpermitte heraus; Auflockerung; Spielspaß
Übungsanleitung: Ein Student steht an der einen Wand des Bühnenraumes, mit dem Gesicht zur Wand. Alle anderen stehen an der gegenüberliegenden Wand, mit dem Gesicht zu ihm. Die Gruppe versucht, an die gegenüberliegende Wand zu gelangen und dort abzuklatschen, ohne von dem Kollegen, der an der Wand steht, in Bewegung gesehen zu werden. Der darf sich jederzeit und in jedem ihm genehmen Intervall umdrehen, um die Situation zu kontrollieren. Erwischt er ein Mitglied der Gruppe in einer Bewegung, sei es mitten im Sprung, mitten im Schritt oder beim Wackeln in einer Position, schickt er es an den Ausgangspunkt zurück. Das Spiel ist zu Ende, wenn es einem Mitglied der Gruppe gelingt, an der bewachten Wand abzuklatschen.

eigene Notizen:

Übung »Kurzentspannung« (nach Jacobson)

Übungsziel: Entspannung am Ende des Unterrichts
Übungsanleitung: Alle sitzen mit ausgestreckten Beinen im Kreis. Die Hände sind hinter dem Kopf verschränkt, die Ellbogen leicht nach hinten gedrückt. Der Spielleiter bittet die Gruppe, Lippen und Zähne fest aufeinander zu pressen, die Fußspitzen nach unten zu drücken, die Beinmuskeln anzuspannen, einzuatmen, die Bauchmuskeln fest anzu-

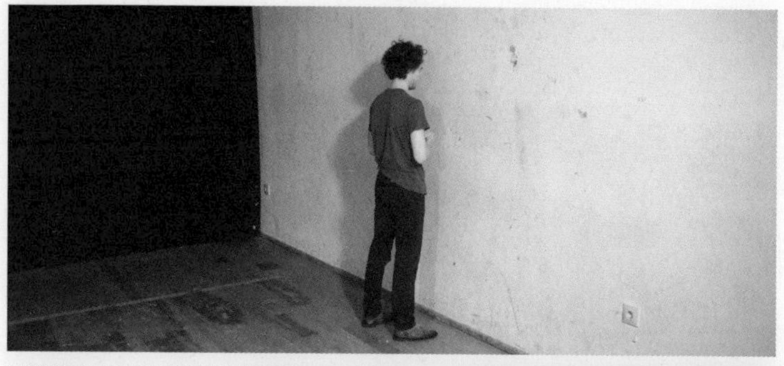

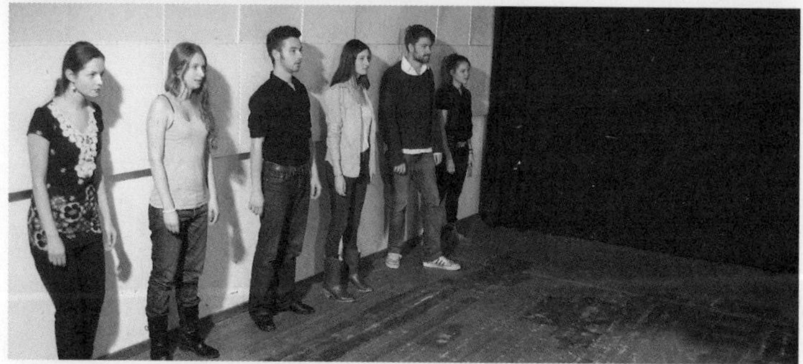

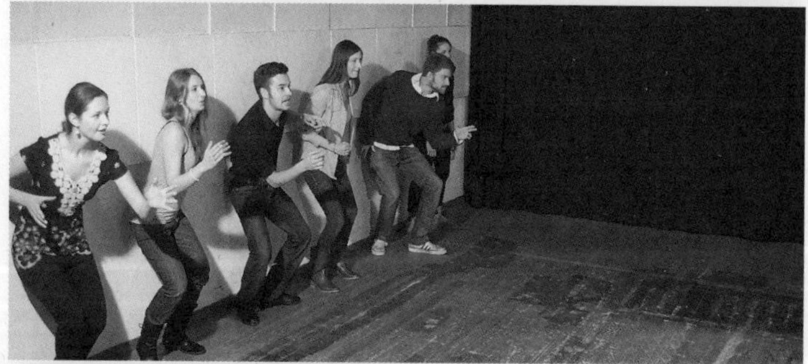

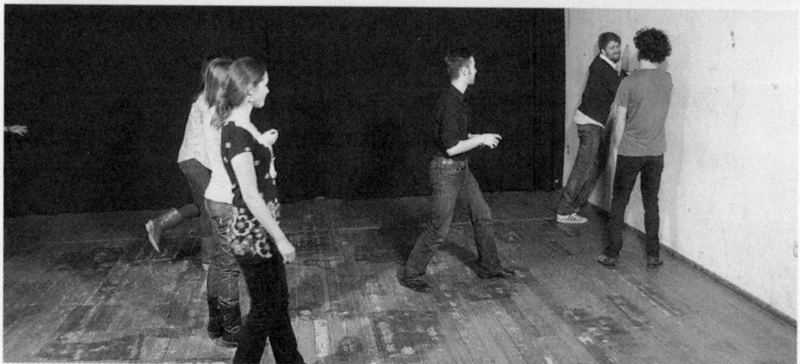

Ochs am Berg

spannen und dabei langsam bis fünf zu zählen. Danach bittet er sie, alle Glieder entspannt fallen zu lassen. Gelöst auf dem Boden liegend, zählt die Gruppe nun rückwärts und sagt: »5 – 4 – 3 – 2 – 1– ich fühle mich wohl, erfrischt, hellwach und ruhig.« Dann kann sich jeder dehnen und räkeln.

eigene Notizen:

Schauspielerische Übungen

Von der Tätigkeit zur Situation

■ Übung »Die W-Fragen«

Übungsziel: Erfahren und Verstehen der Grundsituation

Übungsanleitung: Der Spielleiter hat einen Briefumschlag mit Brief vorbereitet. Ein Student sitzt auf einem Stuhl auf der Bühne. Der Spielleiter bittet den Studenten, den Umschlag zu öffnen und den darin liegenden Brief still zu lesen. Das als reine Tätigkeit, ohne jeglichen Kommentar vonseiten des Spielers.

Nachdem der Student dieser Bitte nachgekommen ist, fragt der Spielleiter die Gruppe, was sie gesehen hat. Dabei ist genau auf die Trennung von objektiv mit sinnlichen Daten Belegbarem und subjektiver Interpretation zu achten. Also: Was hat der Student auf der Bühne wirklich getan, nicht, was habe ich in eine Leerstelle hineinprojiziert.

Der Spielleiter fragt die Studenten, ob sie mit dem, was ihnen auf der Bühne geboten wurde, zufrieden sind, oder ob sie mehr wissen wollen. Gibt es noch Informationsbedarf? Es ist wahrscheinlich, dass die Gruppe nachzufragen beginnt, wer da auf der Bühne sitzt, warum er den Brief liest, was denn drin steht, wo und wann das Ganze stattfindet. Der Spielleiter achtet darauf, dass alle nötigen Fragen, die eine Situation definieren, gestellt werden: *Wer* macht *was*, *warum*, *in welcher Ab-*

sicht (wozu), wo, wann und *wie*, plus die Zusatzfragen: *Wo kommt die Figur her* und *wo geht sie hin?*

Der Spielleiter macht unmissverständlich klar, dass alles Spiel von der Grundsituation ausgeht: Das Klären der Grundsituation steht am Anfang jeder Improvisation. Es steht auch am Anfang jeder Rollenarbeit. Es ist absolut unabdingbar.

Der Spielleiter definiert das Öffnen und Lesen eines Briefes durch eine nicht weiter markierte Person auf der Bühne als »Tätigkeit« und bittet dann die Studenten, die Tätigkeit durch Beantworten der W-Fragen zur Situation zu komplettieren.

Sobald also beantwortet ist, wer den Brief öffnet und liest (was tut er?) und warum, wozu, wo und wann er das tut sowie wo er herkommt und wo er danach hingehen wird, ist die Grundsituation etabliert.

Jeder Student sollte einmal eine Tätigkeit zur Situation komplettieren. Dazu müssen Möbel (Tisch, Stuhl, Sofa, …) und Requisiten zur Verfügung stehen.

Weitere Tätigkeiten, die in einer Szene zur Situation ausgebaut werden können, sind:

- Tisch decken
- Telefonanruf erwarten
- Fleck entfernen
- Geld zählen
- Alkohol trinken
- Knopf annähen
- Zeitung lesen
- …

Der Spielleiter teilt den Studenten die Tätigkeit nicht öffentlich mit. Die Zuschauergruppe sollte durch Beobachten des Spiels in der Lage sein, sowohl die Tätigkeit zu erkennen als auch alle W-Fragen zu beantworten. Nach jedem Versuch wird in der Gruppe ausgewertet. Bei Unklarheiten oder Unsicherheit, sollte jeder Studierende die Möglichkeit bekommen, die Übung – wenn notwendig auch mehrmals – zu wiederholen.

Diese Übung ist essenziell. Sie sollte deshalb ausführlich und genau gemacht und besprochen werden. Genügend Zeit einplanen!

eigene Notizen:

Kleiner Exkurs: Figur

Die Beantwortung der Frage *Wer?* führt uns zur Figur. Natürlich ist in der Improvisation kein Platz für eine komplexe Figurenanalyse, dazu fehlt die Zeit. Die Figur kann also nur grob umrissen und in ihren sozialen Kontext gestellt werden (»eine Supermarktkassiererin«, »ein entlassener Bankmanager«). Trotzdem sprechen die Studenten von dem Moment an, in dem sie die *Wer*-Frage beantwortet haben, nicht mehr von »ich«, wenn sie die Figur, die sie auf der Bühne spielen, meinen, sondern verwenden stattdessen die dritte Person Singular und sprechen konsequent von »er« bzw. »sie«. Das ist der Hauptunterschied zwischen schauspielerischer Vorübung und schauspielerischer Übung: Bei der Vorübung agiert der Student als er selbst, ohne dass das besonders thematisiert wird. Bei der schauspielerischen Übung erfindet der Student eine Figur, die er dann auf der Bühne spielt und von der er in der dritten Person spricht (siehe dazu die Übungsfolge »Figuren finden«, ab S. 121 in diesem Band).

Das Trennen von Privatperson und Figur auf der Bühne versetzt die Studierenden in die Lage, sich als Schöpfer ihrer Figuren zu begreifen statt mit ihnen zu verschmelzen. Das erleichtert das Artikulieren und Entgegennehmen von Kritik und vergrößert den allgemeinen Handlungsspielraum.

Die Abmachung, von Figuren niemals als »ich« zu sprechen, sollte vom Spielleiter konsequent durchgesetzt werden, auch wenn er damit anfangs auf Befremden stößt. Der Abstand zwischen Schauspieler und Figur ist eine Grundvoraussetzung für schauspielerisches Handeln, so wie wir es begreifen: als Handwerk und nicht als therapeutischen Vorgang ohne professionelle Absicherung.

■ Übung »Telefonimpro«

Übungsziel: selbstständiges Erfinden einer Grundsituation zu einer vorgegebenen Tätigkeit; Festigung der vorigen Übung »Die W-Fragen«*; selbstständige Arbeit mit Vorbereitungszeit

Übungsanleitung: Der Spielleiter gibt den Studenten folgenden Text zum Lernen:

»Ja – ach – warum – so – wie – nein – ja«

Diese Worte sind der eine Teil eines Telefongesprächs. Die Studenten bekommen nun einige Tage Zeit, um 1) um dieses Telefongespräch herum eine Grundsituation zu bauen und 2) die Beiträge des Gesprächspartners am anderen Ende der Leitung zu erfinden und aufzuschreiben.

Zum vereinbarten Termin zeigen alle ihre vorbereitete Situation. Die Zuschauer sollten durch das Spiel in die Lage versetzt werden, alle W-Fragen zu beantworten. Es sollte also klar sein, wer, wo, wann, wie, warum und wozu mit wem telefoniert, wo er herkommt und wo er nach dem Telefonat hingehen wird. Außerdem sollte klar geworden sein, was der unsichtbare Gesprächspartner am anderen Ende der Leitung sagt. Die Ergebnisse der Gruppenauswertung werden mit dem aufgeschriebenen Text verglichen.

Sollten Fragen offen bleiben, bekommt der Student die Gelegenheit, diese Fragen direkt bei einem weiteren Versuch mit demselben Telefongespräch durch Handeln auf der Bühne zu beantworten. Auch hier wird an jedem Vorschlag so lange gearbeitet und verbessert, bis alle mit dem Ergebnis zufrieden sind.

eigene Notizen:

---

* Die Frage nach dem *Wohin?* spielt bei der Improvisation in der Regel noch keine Rolle, da man es nicht von vornherein kennt. Denn der Ausgang der Improvisation entwickelt sich ja erst im Zusammenspiel mit dem Partner.

Übung »Improvisation mit vorgegebenem Text«

Übungsziel: erfahren, dass die Situation die Bedeutung eines Textes definiert: Kontext bestimmt Inhalt

Übungsanleitung: Für diese Übung braucht man Möbel (wichtig: eine Tür), Requisiten und Kostüme.

Der Spielleiter bittet die Männer in der Gruppe, folgenden Text auswendig zu lernen: »'n Tag. Ich hatte gar nicht erwartet, dass du hier bist. Wie geht's dir denn? Hast du Lust, was zu unternehmen? Wie wär's mit einem Spaziergang?«

Danach bietet er ihnen verschiedene Situationen an, die sie, mit immer genau diesem vorgegebenen Text, spielen sollen. Dadurch wird für die Studierenden sinnlich erfahrbar, dass die Grundsituation die Bedeutung der Worte definiert und dass ein und derselbe Text in verschiedenen Situationen ganz unterschiedliche Bedeutungen haben kann.

Die angebotenen Spielsituationen sind:

- Ein Mann hat wegen Gewalttätigkeit ein Jahr im Gefängnis gesessen. Seine Freundin hat den Kontakt zu ihm abgebrochen und ist in eine andere Stadt gezogen, wo sie ein neues Leben begonnen hat. Er hat sie dort aufgespürt, steht nun vor ihrer Tür und klingelt.
- Eine attraktive Studentin arbeitet als Haushaltshilfe bei einem reichen Ehepaar. Die Ehefrau ist verreist und der Ehemann nutzt nun die Gelegenheit und kommt in der Zeit, in der sie putzt, unverhofft nach Hause. Die beiden sind allein in der Wohnung.
- Ein junges Paar hat sich gerade mit einem hohen Kredit eine Eigentumswohnung gekauft. Die Frau ist schwanger. Es ist Abend, die Frau ist zu Hause und erwartet den Mann. Der hat an dem Tag erfahren, dass er gekündigt worden ist. Er kommt zur Tür herein.
- Ein politischer Gefangener sitzt in seiner Zelle. Ein Verhörspezialist kommt herein.
- Ein Ehemann kommt von seiner Geliebten nach Hause zur Ehefrau.

Die Frauen lernen folgenden Text: »'n Tag. Was Interessantes? Hörst du? Ich war … ach, ist ja auch egal. Leg doch jetzt endlich die scheiß Zeitung weg!«

Hier ist die Situation des männlichen Spielpartners festgelegt: Er liest gebannt Zeitung und schenkt seiner Partnerin nur wenig Aufmerksamkeit. Sie muss also darum kämpfen. Der Mann sollte außer einer Begrüßung am Anfang und abschließenden Worten am Schluss fast gar nichts sagen. So wenig Text wie möglich verwenden!

Die vorgeschlagenen Spielsituationen sind:

- Die Frau war beim Arzt und hat erfahren, dass sie schwanger ist.
- Der Frau ist wegen Trunkenheit am Steuer der Führerschein abgenommen worden. Der Wagen steht weit weg auf einer Landstraße und muss abgeholt werden.
- Die Frau kommt von ihrem Geliebten zum Ehemann nach Hause. Sie will ihm ihr Verhältnis gestehen um,
  – mit dem Ehemann Schluss zu machen
  – mit dem Ehemann einen Neuanfang zu versuchen.
- Die Frau hat eine Million Euro im Lotto gewonnen.
- Die Frau ist in den Vorstand eines internationalen Konzerns gewählt worden. Die Familie wird nun nach Shanghai umziehen.

Diese Situationen werden dem Studenten / der Studentin mit dem vorgegebenen Text und seinen / ihren jeweiligen Partnern vom Spielleiter mitgeteilt, ohne dass der Rest der Gruppe es hört. Vor Spielbeginn klärt der Partner / die Partnerin im Stillen die eigene Grundsituation innerhalb des vorgegebenen Rahmens.

Die Spielpartner der Studenten mit dem vorgegebenen Text sollten ihrerseits so wenig Text wie möglich verwenden. Text sollte nur als Handlungselement, nicht als Kommentar vorkommen. In dem Satz »Ich habe heute Geburtstag« ist der Text Handlungselement, weil die beinhaltete Information nicht erspielt werden kann. Der Satz »Ich bin müde« dagegen ist Kommentar, weil die Information vom Spiel ablesbar sein sollte und nicht noch in verbaler Form als gedoppelte Information nachgeliefert werden muss.

Nach jeder Situationsvariante beantworten die zuschauenden Studenten die W-Fragen und beschreiben die gesehene Situation. Das Beschriebene wird mit der Vorgabe des Spielleiters verglichen. Sind Gespieltes und Vorgabe nicht deckungsgleich, wird nachgebessert.

eigene Notizen:

Haltung und Untertext

■ Übung »Eins zu eins, und mehr«

Übungsziel: Klärung der Begriffe *Haltung* und *Untertext*

Übungsanleitung: Der Spielleiter bittet die Gruppe, einen vorgegebenen Text auswendig zu lernen. Ich nehme dazu meistens Hamlets »Rede an die Schauspieler« (»Hamlet«, II. Akt, 2. Szene).

Der Spielleiter bittet einen Studenten, sich auf der Bühne auf einen Stuhl zu setzen und der Gruppe den Text so vorzutragen, dass sie den Inhalt versteht. Diese Absicht ist bereits eine Haltung, die die Figur gegenüber dem Text einnimmt. Diese Haltung heißt »eins zu eins«, weil in ihr nur der Inhalt des Textes vermittelt wird und sonst nichts. Wenn im Text »ich liebe dich« steht, dann meint die Figur tatsächlich »ich liebe dich«.

Es ist natürlich auch denkbar, dass eine Figur »ich liebe dich« sagt und »ich hasse dich« meint. Ob dieser Inhalt verstanden wird oder der »Eins zu eins«-Inhalt, hängt von der Haltung ab, die der Schauspieler unter den Text legt. Dabei spiegelt sich die innere Haltung in der äußeren wider.

Stellt sich zum Beispiel der Schauspieler mit in die Hüften gestemmten Armen und vorgeschobenem Becken vor den Partner, funkelt ihn an und zischt wütend: »Ich liebe dich«, dann versteht der Zuschauer, dass der Inhalt nicht wörtlich gemeint ist, sondern eher dessen Gegenteil. Die Haltung, die der Schauspieler in der Figur unter den Text gelegt hat, heißt dann: »Ich hasse dich«, und diese Haltung wird verstanden. Sie überlagert den semantischen Wortinhalt.

Das tatsächlich Gemeinte, das den semantischen Gehalt des Textes bestimmt, heißt also *Haltung*.

Der plastischer formulierte, emotionale Ausdruck dieser Haltung, der im Schauspieler eine unmittelbare Reaktion auslösen und als Trigger für das Spiel funktionieren soll, heißt *Untertext*. In unserem Fall könnte die Haltung unter dem Text »ich liebe dich« heißen: »ich hasse dich«. Der Untertext wäre dann: »Fick dich, du Arschloch«.

Den Untertext kann man sich wie die Sprechblase in einem Comic vorstellen. Er kann auch »grrrrr, umpf, ääääääähhhhhh« lauten. Wichtig ist nur, dass er beim Schauspieler eine direkte und eindeutige Reaktion auslöst, die er leicht in Spiel übersetzen kann. Der Untertext dient also nicht wie die ausformulierte Haltung in erster Linie der Kommunikation zwischen Schauspieler und Regisseur oder der Kommunikation zwischen den Spielern, sondern er ist als Auslöser für den Schauspieler da. Deswegen ist er privat, direkt und unzensiert und muss auch nicht kommuniziert werden.

Der Spielleiter bittet nun einen Studierenden nach dem anderen zu sich und gibt ihm, für die anderen nicht hörbar, eine Haltung für den (Hamlet-)Text vor. Diese Haltung muss klar und unmissverständlich formuliert sein. Hat der Student Fragen, sollten sie eindeutig beantwortet sein, bevor er anfängt.

Wird die vorgeschlagene Hamlet-Szene verwendet, so fungieren die zuschauenden Studenten als die von Hamlet angesprochene Schauspielertruppe. Sie sollen direkt adressiert werden. Der Student mit dem Text kann sich auch unter sie mischen und sie einzeln direkt ansprechen. Mögliche Haltungen sind:

- voll Angst und unter Druck Wichtiges präzise und eindringlich mitteilen
- arrogant von oben herab und ohne Respekt Anweisungen geben
- den Plan pedantisch Punkt für Punkt abarbeiten
- das Anliegen verständlich machen wollen, aber aus Unkonzentriertheit immer wieder den Faden verlieren
- …

Hat der Student den Text mit einer bestimmten Haltung unterlegt, versuchen die Zuschauer, die Haltung, die sie gesehen haben, zu formulieren. Weicht sie stark von der vorgegebenen Haltung ab, versucht es der Student gleich noch einmal. Hat er die Haltung wiedererkennbar transportiert, veröffentlicht er – im Rahmen dieser Übung in der Grundlagenausbildung – seinen persönlichen Untertext für diese Haltung.

Es ist angebracht, am Anfang Haltungen zu wählen, die mit der Situation der Figur im Stück vereinbar sind. Das macht es für die Studenten leichter. Sind sie schon sehr sicher, kann der Spielleiter zur Übung und zum Spaß auch Haltungen vorgeben, die nichts mit dem Stück zu tun haben, zum Beispiel:

- als Sportreporter, der im Radio die Fußballweltmeisterschaft kommentiert
- als Pfarrer, der eine Messe liest.

Auch diese Übung ist essenziell wichtig. Alle Studenten müssen verstanden haben, was Haltung und Untertext sind und wie sie hergestellt und eingesetzt werde, bevor der Spielleiter zu einem neuen Kapitel übergeht. Genügend Zeit einplanen!

eigene Notizen:

Übung »Parkbank«

Übungsziel: Anwenden der Kategorien *Figur* und *Situation* bei vorgegebenem Ort; Einführen des Begriffs *Konflikt*; freies Improvisieren (fast) ohne Text mit einem Partner; den nächsten Zug aus dem Partner heraus entwickeln

Übungsanleitung: Der Spielleiter stellt eine Bank mit Lehne oder drei Stühle nebeneinander auf die Bühne und gibt so den Spielort vor: eine Bank in einem öffentlichen Park. Weitere Spielvoraussetzung: Die zwei Figuren, die sich auf oder um die Parkbank herum treffen, dürfen sich vorher nicht kennen (sonst ist die Gefahr groß, dass die Improvisation in bloßem Reden über etwas versackt).

Der Spielleiter bittet jeden Studenten, sich ein Anspiel auszudenken. Ein *Anspiel* ist ein Angebot, bei dem der Student eine Figur vorschlägt, die weiß, aus welchem Grund und zu welchem Zweck sie sich wann und in welcher Lage in diesem Park befindet. Außerdem erfindet er einen *Konflikt* für die Figur, die das Eingreifen eines Zuspielers verlangt. Dem Anspieler sollte auch klar sein, woher seine Figur gerade kommt. Wohin sie geht, wird die Improvisation entscheiden.

Hier ein Beispiel für ein mögliches Anspiel:
Es ist sieben Uhr früh. Eine mollige Studentin joggt im Park in der Nähe ihrer Wohnung, weil sie abnehmen will. Sie ist außer Atem und läuft ungelenk, weil sie erst vor drei Tagen angefangen hat zu joggen. Als sie in die Nähe der Parkbank kommt, knickt sie um, fällt hin und kann nicht mehr alleine aufstehen.

Dieses Anspiel beantwortet die W-Fragen:
Wer? – eine Studentin – macht *was?* – sie joggt – *wann?* – um sieben

Uhr früh – *wo?* – in einem öffentlichen Park – *warum (Motiv)?* – weil sie zu dick ist – *wozu (Absicht)?* – weil sie abnehmen will – *wie?* – auf ungeübte Weise – *wo kommt sie her?* – aus ihrer Wohnung/aus dem Bett.

Konfliktangebot: Sie verletzt sich und liegt hilflos auf dem Boden.

Sehr wichtig dabei ist, dass das Konfliktangebot sich nach außen, an einen anderen richtet. Konflikte, die die Figur mit sich selber ausmachen kann, sind kein Spielangebot für einen Partner und daher zu klein und ungeeignet (zum Beispiel: Die Figur sitzt auf der Bank und liest. Die Sonne blendet sie. Sie setzt eine Sonnenbrille auf. Oder: Die Figur geht an der Parkbank vorbei und ein Schnürsenkel löst sich. Sie setzt sich auf die Bank und bindet den Schnürsenkel wieder zu.).

Der *Anspieler* macht also sein Angebot. Die Gruppe beschreibt es und diskutiert, ob alle W-Fragen beantwortet sind und der vorgeschlagene Konflikt tragfähig ist. Ist das der Fall, wird sich schnell ein *Zuspieler* finden, der in dem Moment, wo der Konflikt eintritt (oder kurz darauf), die Szene betritt und das Angebot aufnimmt.

Mögliche Zuspiele zu dem beschriebenen Anspiel sind:

- Ein anderer Jogger kommt vorbei und bleibt bei der Verletzten stehen. Er ist Medizinstudent und weiß genau, was zu tun ist. Mit seinem Schal bandagiert er das demolierte Kniegelenk, hilft der Studentin beim Aufstehen und stützt sie, damit sie mit ihm zusammen zurück zu ihrer Wohnung humpeln kann.
- Ein Bauarbeiter auf dem Weg zur Arbeit kommt vorbei und bleibt bei der Verletzten stehen. Er will helfen und fasst das verletzte Knie an, verschlimmert aber durch seine Intervention die Verletzung. Daraufhin ruft er mit seinem Handy einen Krankenwagen./ Daraufhin lässt er das nun vor Schmerz schreiende Mädchen liegen und läuft weg.
- Ein Penner, der die Nacht auf einer anderen Parkbank verbracht hat, kommt vorbei. Er sieht das Mädchen am Boden liegen und nach seinem Smartphone greifen. Er nimmt es ihr ab und rennt weg.

Wichtig ist, dass die Zuspiele real sind. Der Zuspieler darf nicht versuchen, originell oder witzig zu sein, und muss für sich und seine Figur die W-Fragen ebenfalls beantwortet haben.

Die Szene sollte fast ohne Sprache auskommen. Wenn Sprache verwendet wird, dann als Handlungselement und nicht als Kommentar. Wenn die verletzte Joggerin also sagt: »Ich bin verletzt«, ist die gegebene Information ein bloßer Kommentar zu dem Gespielten. Sagt sie aber: »Ich brauche sofort eine Insulinspritze«, ist dieser Satz ein Handlungselement, weil er eine neue Information einbringt, die nach einer unmittelbaren Reaktion und Entscheidung des Partners verlangt.

Die durch Anspiel und verschiedene Zuspiele entstehenden Szenen können kurz, alltäglich, auch vorhersehbar sein. Wichtig ist nur, dass sie nachvollziehbar und Zug um Zug aus einem echten Zusammenspiel der Partner entstehen.

Bei dieser ersten freien Partnerimprovisation geht es also vor allem darum, Vertrauen zum Partner und zum Improvisationsprozess an und für sich zu entwickeln. Die Spieler sollen erfahren, dass sie den nächsten Schritt nicht selbst im Kopf antizipieren müssen, sondern, dass sie ihn aus ihrem Partner nehmen können und dass Offenheit und Durchlässigkeit beim Zusammenspiel die Schlüssel zu geglückten Improvisationen sind.

eigene Notizen:

Kleiner Exkurs: Drehpunkt

Mit dem Konfliktangebot in der Übung »Parkbank« kann auch der Begriff *Drehpunkt* eingeführt werden. Ein Drehpunkt ist ein plötzlich eintretendes Ereignis (z. B. Umknicken), das einen Vorgang beendet (z. B. Joggen) und einen neuen Vorgang einleitet (z. B. verletzt um Hilfe rufen). Ein Drehpunkt verlangt eine Entscheidung von der handelnden Figur. Meistens bringt der Drehpunkt auch eine neue Absicht ins Spiel.

Einen sehr kleinen Drehpunkt bezeichnet man als Haltungswechsel. Ein großer Drehpunkt ist das Auftreten einer neuen Person in einem Stück oder das Bekanntwerden eines völlig neuen Sachverhalts, zum Beispiel eine Todesnachricht durch einen Botenbericht. In TV-Serien werden große Drehpunkte oft am Ende einer Folge als »Cliffhanger« eingesetzt, um die Spannung zu erhöhen und die Zuschauer dazu zu bringen, die nächste Folge wieder einzuschalten.

Eine gute Improvisation ist reich an Drehpunkten. Durch Beschreibung der zuschauenden Studenten wird klar, wie die einzelnen Spieler Drehpunkte in der Szene akzentuieren: durch eine Pause, durch einen Arrangementwechsel, durch einen Haltungswechsel, …

Drehpunkte sollten am Ende der Improvisationsübungen ohne Schwierigkeit benannt und beschrieben werden können. Damit ist die Voraussetzung geschaffen, sie auch in literarischen Texten aufspüren und entsprechend umsetzen zu können.

■ Übung »Vorgang versus Zustand«

Übungsziel: Einführen der Begriffe *Zustand* und *Vorgang*; den Unterschied zwischen Statik und Dynamik im Spiel erfahren

Übungsanleitung: Der Spielleiter bittet einen Studenten, einen Betrunkenen zu spielen; wahrscheinlich wird der Student auf der Bühne herumtorkeln, lallen, sich übergeben, hinfallen, … Dann lässt er die Gruppe das Gesehene beschreiben und fragt, ob das Gezeigte interessant zu beobachten war.

Hat der Student sich in den *Zustand* des Betrunkenseins hineinbegeben, wird die Dynamik seines Spiels über weite Strecken gleich geblieben sein. Dadurch war das Gezeigte dann wahrscheinlich nach kurzer Zeit vorhersehbar, statisch und dadurch uninteressant. Spielt der Student stattdessen, dass seine Figur sich nicht dem Zustand des Betrunkenseins überlässt und in ihm versackt, sondern gegen eben diesen Zustand ankämpft, entsteht ein dynamischer *Vorgang*. Dieser Vorgang eröffnet unzählige Spielmöglichkeiten und bleibt dadurch für den Zuschauer immer spannend.

Festzuhalten ist, dass ein Zustand per definitionem statisch und deshalb unergiebig für das Spiel ist, während der Kampf gegen einen Zustand ein dynamischer Vorgang und daher für das Spiel sehr geeignet ist.

Weitere Varianten:

- Die Figur hat einen Anruf bekommen, in dem ihr Partner die gemeinsame Beziehung beendet hat. Die Figur befindet sich in einem öffentlichen Raum und kämpft gegen die Traurigkeit / Tränen, weil sie sich nichts anmerken lassen will.
- Die Figur ist vom Chef gefeuert worden. Sie sitzt ihm gegenüber und kämpft gegen die Tränen / Trauer / Wut, während sie aufsteht

und den Raum verlässt, weil sie dem Chef nicht zeigen will, wie sehr er sie getroffen hat.

- Die Figur macht nach einem Autounfall eine Aussage gegenüber der Polizei. Sie ist geschockt und verstört, kämpft jedoch dagegen an, um eine kohärente Aussage machen zu können.
- Die Figur erfährt, dass sie eine Million Euro im Lotto gewonnen hat. Sie befindet sich in einem öffentlichen Raum und will keine Aufmerksamkeit auf sich lenken. Sie versucht, ihre Freude zu beherrschen.
- ...

eigene Notizen:

Kleiner Exkurs: »Ich fühle mich«

Die vorherige Übung ist eine gute Gelegenheit zu thematisieren, dass die Intensität dessen, was ein Spieler auf der Bühne fühlt, und dessen, was er damit beim Zuschauer auslöst, oft umgekehrt proportional ist: Je intensiver der Schauspieler auf der Bühne fühlt, desto flacher das Gefühl beim Zuschauer. Es ist kein Qualitätskriterium, wenn der Spieler sich auf der Bühne in falsch verstandener Wahrhaftigkeit emotional auslebt, weil er genau dadurch dem Zuschauer die Möglichkeit zum Mitgefühl nimmt. Wenn der Schauspieler sich in der Figur fühlt und in einem emotionalen Zustand versackt, lässt er dem Zuschauer keinen Platz für dessen Mitgefühl. Er okkupiert stattdessen den emotionalen Raum für sich selbst, statt eine Leerstelle zu schaffen, die den Zuschauer einlädt, sich einzubringen.

Übung »Raumaufnahme«

Übungsziel: Bewusstmachen des konkreten Spielortes; Schaffen und Wahrnehmen eines realen Raumes auf der Bühne

Übungsanleitung: Für diese Übung ist ausreichend Mobiliar notwendig, also Tisch, Stühle, Sessel, ein Sofa, vielleicht ein Bett, auf jeden Fall aber eine Tür.

Ein Student geht hinaus. Der Spielleiter gibt eine Situation vor und der Rest der Gruppe baut einen zu dieser Vorgabe passenden, konkreten Raum auf der Bühne auf. Zum Beispiel ein spießiges Wohnzimmer mit Spitzendeckchen, eine Designerwohnung, eine Absteige oder ein heruntergekommenes Hotelzimmer.

Hier zwei mögliche Spielsituationen:

- Ein junger Angestellter bei einer IT-Firma hat vor zehn Jahren in der Stadt studiert und ist jetzt auf der Durchreise. Zufällig trifft er auf der Straße jemanden, mit dem er damals in einer WG zusammengewohnt hat. Der wohnt jetzt immer noch dort, allerdings als alleiniger Mieter. Er lädt den ehemaligen Mitbewohner zum Kaffee / Bier / Wein in die ehemalige Wohnung ein. Im Treppenhaus fällt ihm ein, dass etwas fehlt (Milch / Zucker / Alkohol / Zigaretten / …). Er drückt dem Kollegen die Schlüssel in die Hand und bittet ihn, in der Wohnung auf ihn zu warten, während er schnell noch einkaufen geht. Der ehemalige Mitbewohner betritt nun allein die Wohnung und nimmt den seit damals veränderten / unveränderten Raum konkret auf und verhält sich dazu …
- Die Figur ist ein Teil eines Paares in den Flitterwochen. Während der andere Partner noch Formalitäten an der Rezeption erledigt, geht er / sie schon mal vor aufs Zimmer, inspiziert konkret den Raum, der dem Paar zugewiesen worden ist, und verhält sich dazu …

Sobald die Situation geklärt und der entsprechende Raum von der Gruppe aufgebaut worden ist, geht der Spielleiter zu dem draußen wartenden Studenten und erklärt ihm die Spielaufgabe. Dann führt er ihn mit verschlossenen Augen hinter die Tür, die zu dem aufzunehmenden Raum führt, und bittet ihn zu beginnen.

Bei dieser Übung ist besondere Aufmerksamkeit auf reales Spiel zu legen. Alles, was zu groß, stummfilmhaft, pantomimisch oder überzogen wirkt, sollte sofort angesprochen und korrigiert werden. Der Spieler soll kleinen und kleinsten Regungen und Gesten vertrauen lernen. Achtung vor Mimoplastik (dem überdeutlichen Zeigen einer Haltung im Gesicht, zum Beispiel durch Aufreißen der Augen oder des Mundes, übermäßiges Stirnrunzeln, intensives Zusammenziehen der Augenbrauen und ähnliches)!

eigene Notizen:

Einzel- und Partnerimprovisationen

Übung »Improvisation mit vorgegebenem Konflikt«

Übungsziel: verstehen, was ein tragfähiger Konflikt ist; ausagieren dieses Konflikts; Konfliktfähigkeit schulen; Konfliktvermeidungsmechanismen thematisieren
Übungsanleitung: Der Spielleiter hat die Lebensberatungsseiten verschiedener Zeitschriften (zum Beispiel: *Hörzu*, *Bravo*, *Die Bunte*) studiert und dort tragfähige Konfliktsituationen aus dem wirklichen Leben gefunden. Er schneidet passende Anfragen und die darauf gegebenen Antworten aus. Diese realen Zeitungsgeschichten liest er den Studierenden vor, spitzt sie für die Improvisation zu einer Spielsituation zu und bittet zwei Studenten, sie auszuagieren.

Hier ein Beispiel:
Matthias K., 33, schreibt an *Hörzu*:

> »Seit zwei Monaten ist meine Freundin schwanger. Aber offiziell weiß ich davon nichts, denn bisher hat sie es mir verschwiegen. Erfahren habe ich es vom Mann ihrer besten Freundin. Jetzt weiß ich nicht, wie ich mich verhalten soll. So tun, als ob nichts wäre? Wenn sie es mir dann doch irgendwann erzählt, kann ich gar nicht echt überrascht sein.«

Der Spielleiter spitzt daraus folgende Spielsituation zu:
Es ist Abend in der gemeinsamen Wohnung von Matthias und seiner Freundin. Er hat ein festliches Essen vorbereitet. Er will seiner Freundin sagen, dass er von der Schwangerschaft weiß und den Familienzuwachs gebührend feiern. Zum Anstoßen gibt es alkoholfreien Sekt. Die Freundin kommt nach einem anstrengenden Arbeitstag nichtsahnend nach Hause …

Die Studenten bekommen zehn Minuten Zeit, um das Zimmer einzurichten und jeder für sich noch einmal ihre Grundsituation zu klären. Dann beginnt die Improvisation. Vermeiden die Studenten den Konflikt und kommen nicht ins Spiel, greift der Spielleiter ein. Er hat den Studenten eingeschärft, nicht abzubrechen, sondern weiterzuspielen und entsprechend zu reagieren, wenn er von unten etwas in die Szene hineinruft. Der Spielleiter bringt die Studenten dazu, den Konflikt im Spiel zuzuspitzen und auszuagieren, wenn nötig in mehreren Anläufen.

Dann kann ein neues Paar eine weitere Möglichkeit desselben Konfliktes spielen.

Zu der oben beschriebenen Grundsituation sind zum Beispiel folgende Improvisationen möglich:

- Die Freundin ist vom Mann der besten Freundin schwanger und hat diesem deshalb zuerst von der Schwangerschaft berichtet. Sie will Matthias verlassen und das Kind mit dem leiblichen Vater bekommen.
- Die Freundin ist vom Mann der besten Freundin schwanger und hat das Kind ohne dessen Wissen abgetrieben.
- Die Freundin ist von Matthias schwanger und hat das Kind ohne dessen Wissen abgetrieben.

Läuft diese Improvisation gut, kann Matthias natürlich in der Folge die beste Freundin oder deren Mann anrufen und sie / er tritt auf. Dabei ist darauf zu achten, dass nie über längere Zeit mehr als drei Personen auf der Bühne sind, sonst wird die Situation zu unübersichtlich. Auch wird die Gefahr des Zerredens zu groß.

Es ist auch möglich, die Situation zwischen Matthias und der Freundin am Abend abzuschließen und dann, mit demselben Matthias, eine zweite Improvisation anzuhängen, in der er an einem anderen Tag (vielleicht nach der Trennung) auf die beste Freundin oder deren Mann trifft. Das ist dann bereits der Übergang zu der gleich detailliert beschriebenen Rundimprovisation (ab S. 116).

Wenn der Spielleiter es für angebracht hält, kann er nach der Improvisation noch die Antwort der Lebensberaterin vorlesen und den Ratschlag mit dem, was in der Improvisation passiert ist, abgleichen.

eigene Notizen:

Übung »Improvisation mit selbst konstruiertem Konflikt«

Übungsziel: gezieltes Bauen einer tragfähigen Konfliktsituation; Ausloten dieses Konflikts im Spiel
Übungsanleitung: Die Studenten bekommen Zeit, um sich einen Konflikt und eine dazu passende Spielsituation auszudenken. Jeder Student stellt seinen Vorschlag vor, der attraktivste wird ausgewählt und gespielt. Es ist auch möglich, sich an dem am wenigsten ausbaufähigen Vorschlag zu versuchen und im Spiel herauszufinden, was zu einer tragfähigen Situation noch fehlt.

Die Studenten müssen für beide Figuren alle W-Fragen beantwortet und die Spielsituation so zugespitzt haben, dass das Ausagieren des vorgegebenen Konflikts unumgänglich ist. Die Vorgabe sollte keine Möglichkeit bieten, dem Konflikt mit dem Partner (auf Dauer) auszuweichen.

eigene Notizen:

Übung »Improvisation vom Requisit her«

Übungsziel: Anwenden der W-Fragen, Schaffen einer potenten Grundsituation; Erfinden eines tragfähigen Konflikts
Übungsanleitung: Der Spielleiter gibt ein Requisit vor, um das herum der Studierende eine Grundsituation plus Konflikt als Anspiel baut.
Hier ein Beispiel:
Das vorgegebene Requisit ist eine rote Rose. Der Student erfindet:

- eine Figur: die heimliche Geliebte /den heimlichen Geliebten
- einen Ort: den Friedhof
- eine Zeit: die Mittagspause
- ein Tun: das Niederlegen der roten Rose auf dem Grab
- eine Art und Weise: verstohlen, heimlich, ängstlich um sich blickend
- ein Motiv: die / der heimliche Geliebte ist von Trauer überwältigt
- eine Absicht: sie / er will dem / der Geliebten die letzte Ehre erweisen
- wo kommt sie / er her: direkt aus dem Büro
- Konflikt: sie / er wird von einem Familienangehörigen oder einem / einer anderen Geliebten … überrascht

Der Student macht sein Anspiel. Die Gruppe beschreibt es und beantwortet die W-Fragen. Bleiben Zweifel, korrigiert sie der Student im Spiel. Dann wiederholt er sein Anspiel in der korrigierten Fassung. Dieses Wiederholen ist die erste Übung für das Fixieren. Der Student sollte sein Anspiel für jeden neuen Zuspieler genauso spielen wie in der (korrigierten) ersten Fassung. Auf Ungenauigkeiten beim Wiederholen muss er hingewiesen werden.

Das Erfinden eines so komplexen Zusammenhangs braucht natürlich Zeit. Es ist also ratsam, dem Studenten, der das Anspiel macht, das Requisit vor einer Pause auszuhändigen, damit er mindestens fünfzehn Minuten zum Überlegen hat.

Sollte auch das zu wenig Zeit sein, ist es möglich, den Studenten freie Wahl bei den Requisiten zu lassen und ihnen das Anspiel als Aufgabe für die nächste Stunde aufzugeben. Je besser das Anspiel, desto mehr Zuspieler werden sich finden. Findet sich kein Zuspieler, sollte das Angebot überprüft werden.

Diese Übung ist anstrengend, aber sie lohnt die Mühe.

eigene Notizen:

Übung »Rundimprovisation«
(Dauer von zwei bis drei Stunden)

Übungsziel: Bearbeiten eines bestimmten pädagogischen Zieles; Anwenden aller bisher erlernten Kategorien; Durchspielen; Risiken eingehen; Grenzen ausloten

Übungsanleitung: Diese Übung muss sorgfältig vorbereitet werden. Der Spielleiter hat ein pädagogisches Ziel für den Studenten, der im Mittelpunkt der Improvisation steht, und konstruiert eine Grundsituation, die dieses Ziel bedient. Die Aufgabe für den Studenten wird vor Beginn der Improvisation allen mitgeteilt.

Der Student im Mittelpunkt improvisiert mit allen seinen Kollegen als Zuspieler zwei bis drei Stunden ohne Pause in seiner Figur. Dabei gestalten die Zuspieler ihre Angebote so, dass sie den Studenten im Mittelpunkt in seinem vorgegebenen Ziel so weit als möglich nach vorne bringen. Sie fordern (und fördern) ihn gezielt mit den Figuren und den Konfliktangeboten, die sie ins Spiel bringen.

Voraussetzung für das Funktionieren dieser Improvisation ist die Einheit des Ortes. Die Hauptfigur muss sich an einem Ort befinden, den sie während der ganzen Improvisation nicht verlässt und der den anderen Figuren bekannt und zugänglich ist.

Zweite Voraussetzung ist die Einheit der Zeit. Aus Gründen der Nachvollziehbarkeit und der Dichte empfiehlt es sich, das gesamte Geschehen an einem Tag oder während einer Nacht spielen zu lassen.

Nachdem der Spielleiter die Grundsituation skizziert hat, verlässt der Student im Mittelpunkt den Raum, um sich vorzubereiten. Der Rest der Gruppe erfindet in dieser Zeit die anderen Figuren und stimmt sie untereinander ab. Der Spielleiter sollte auf jeden Fall einen Figurenvorschlag für jeden Studenten vorbereitet haben, der dann greift, wenn die Studenten selbst nicht auf genügend fordernde Figurenentwürfe kommen oder wenn sich ihre Entwürfe nicht genügend miteinander verzahnen. Jeder Student sollte alle W-Fragen für seine Figur beantwortet haben, bevor er auf die Bühne geht, um seinem Partner ein möglichst klares Angebot machen zu können, denn der Student im Mittelpunkt erfährt vor Spielbeginn nichts über die anderen Figuren. Jegliche Information über sie muss erspielt werden.

Sobald die Gruppe sich abgestimmt hat, wird der Hauptspieler wieder in den Raum gebeten und bekommt Zeit, sich seine Bühne einzurichten. Er veröffentlicht den Namen, den er seiner Figur gegeben hat und den alle kennen müssen.

Spielt die Situation in einem geschlossenen Raum (was meistens der Fall sein wird), ist eine funktionierende Tür unerlässlich.

Sind alle Vorbereitungen getroffen, ist der Raum eingerichtet und alle Spieler in ihren Kostümen, startet die Improvisation mit einer Sequenz, in der die Hauptfigur alleine ist und Zeit hat, sich und die Situation zu etablieren.

Auf ein Zeichen des Spielleiters hin kommt dann die erste Episodenfigur dazu. Der Spielleiter strukturiert das Spiel von abseits der Bühne. Er entscheidet, wer als nächstes auf die Bühne geht und welcher Konflikt ansteht. Die Episodenfiguren können genau wie die Hauptfigur Entwicklungen durchmachen und mehrmals auftreten. Die Studenten können aber auch in mehreren unterschiedlichen Figuren (dann natürlich in unterschiedlichen Kostümen) wiederholt auftreten.

Beispiel 1 für eine Rundimprovisation: »Rockstar«
Ist ein Student bisher introvertiert, zurückhaltend und konfliktscheu im Spiel gewesen und hat expressive Figuren vermieden, könnte der Spielleiter ihm folgendes Angebot machen:

Die Figur im Mittelpunkt der Improvisation ist der Leadsänger einer Rockband. Diese Band ist gerade sehr angesagt. An dem Tag, an dem die Improvisation spielt, soll die Band Vorgruppe einer international bekannten Rockband sein und in einer großen Konzerthalle vor Tausenden von Leuten auftreten. Die Band hofft auf ihren Durchbruch.

Der Sänger hatte nach dem letzten Konzert der Gruppe vor einigen Tagen einen Unfall mit seinem Motorrad. Er ist nach dem Konzert, angetrunken/high gegen vier Uhr früh mit einem sechzehnjährigen Mädchen auf dem Sozius seiner Maschine von der Straße abgekommen. Er selbst blieb bis auf eine Prellung unverletzt, aber das Mädchen hatte keinen Helm und liegt mit schweren Kopfverletzungen auf der Intensivstation im Krankenhaus.

Seit diesem Unfall hat sich der Sänger in seiner Wohnung eingeschlossen und war für niemanden zu erreichen. Er geht nicht ans Telefon und meldet sich nicht zurück.

Die Improvisation beginnt am Vormittag des Tages, an dem das Konzert zum Durchbruch stattfinden soll.

Mögliche Zuspiele/Figuren:

- der Manager der Band, der durchsetzen will, dass das Konzert stattfindet

- ein Mitglied der Band und Freund, der verliebt in das Groupie-Mädchen ist, das jetzt im Krankenhaus liegt
- die Freundin des Leadsängers
- ein Geschwister des verletzten Mädchens, das mit dem Sänger abrechnen will; diese Figur könnte zu einem späteren Zeitpunkt auch die Todesnachricht bringen
- ein Klatschreporter
- ein Groupie, der/die den Leadsänger trösten und sich ihm an den Hals werfen will
- die Mutter/der Vater oder beide Eltern, die den Sohn nach Hause holen wollen
- …

Nach der Improvisation wird ausgewertet. Im Zentrum dabei stehen die Hauptfigur und deren Entwicklung.

eigene Notizen:

Beispiel 2 für eine Rundimprovisation: »Dorfladen«
Diese Improvisation könnte der Spielleiter einem Studenten vorschlagen, der bisher nicht besonders konkret, sondern häufig allgemein war und sich wenig für den sozialen Hintergrund seiner Figuren interessiert hat.

Die Figur im Mittelpunkt lebt auf einem Dorf und hat den Gemischtwarenladen ihrer Eltern geerbt. Der Laden ist im Erdgeschoss, die Wohnung im Stock darüber, das Haus gehört dem Ladenbetreiber und seinen Geschwistern.

Im Nachbardorf hat ein neuer Supermarkt eröffnet. Die Kundschaft des Gemischtwarenladens ist abgewandert und der Ladenbesitzer muss Insolvenz anmelden.

Die Improvisation spielt in dem Laden am letzten Öffnungstag. Das ganze Dorf weiß, dass die Hauptfigur am nächsten Tag den Laden schließen und in den kommenden Wochen das Haus verkaufen und das Dorf verlassen wird. Also muss jeder, der mit ihm noch etwas zu verhandeln / zu klären hat und ihn sicher antreffen will, an diesem Tag vorbei kommen.

Mögliche Zuspiele / Figuren:

- ein Lieferant, der noch nichts von der Insolvenz weiß und Waren abliefern will
- ein Mädchen aus dem Dorf, das der Ladenbesitzer nach dem Feuerwehrball mit zu sich nach Hause genommen hat und die behauptet, von ihm schwanger zu sein
- ein Vertreter der Supermarktkette im nächsten Ort, der ihm anbietet, das Geschäft zu übernehmen und ihn in Zukunft als Angestellten in seinem ehemals eigenen Laden zu beschäftigen
- ein Teenager aus dem Dorf, dem er Nachhilfe gegeben hat / den er geringfügig bei sich im Laden beschäftigt hat, will von zu Hause ausreißen und mit ihm weggehen
- jemand, der die Geschäftsauflösung und die dadurch entstandene Unordnung zum Klauen nutzt
- ein Geschwister, das außer sich ist, weil die Hauptfigur seinen Teil des elterlichen Hauses nicht mehr halten kann und so der Verkauf des Hauses unumgänglich geworden ist
- ein Geschwister, das glaubt, es hätte das Geschäft gewinnbringender weitergeführt und die Ehre der Familie nicht verloren / aufs Spiel gesetzt
- …

eigene Notizen:

Diese Rundimprovisationen sind sehr anstrengend. Nach der Auswertung sollte deshalb nicht mehr viel neuer Stoff in derselben Unterrichtseinheit behandelt werden. Ideal wäre ein Spiel zum Abschluss (z. B. eine der Auflockerungsübungen ab S. 94 in diesem Band).

Übung »Figuren finden«

Diese komplexe Übungsfolge zur Figurenfindung wurde von unserer Kollegin Prof. Mechtild Hauptmann entwickelt und gehört inzwischen zum festen Repertoire der Grundlagenausbildung an der Hochschule für Schauspielkunst »Ernst Busch«. Wir bedanken uns bei Prof. Hauptmann für die Erlaubnis, ihre bei den Studierenden enorm beliebten Übungen im Rahmen dieses Buches veröffentlichen zu dürfen. Danke, Mechtild!

Übungsziel: das Entwickeln einer Figur über einen langen Zeitraum hinweg; das Erspielen einer Figur durch konkretes Handeln auf der Bühne; das Erfinden von prägnanten Situationen und tragfähigen Konflikten, die die Figur charakterisieren
Übungsanleitung: Der Spielleiter hat eine große Anzahl an heutigen/aktuellen Menschenbildern – aus Zeitungen, Zeitschriften, aus Fotobänden, von Postkarten usw. – ausgeschnitten oder kopiert und zum Unterricht mitgebracht. Die Bilder werden auf dem Boden ausgebreitet und die Studierenden aufgefordert, sich ein Bild auszusuchen, das eine Figur zeigt, die sie während des Semesters entwickeln wollen. Dabei müssen das Geschlecht des Studierenden und das Geschlecht der Person auf dem Bild übereinstimmen. Die Auswahl des Bildes kann viel Zeit in Anspruch nehmen. Bitte nicht hetzen!

Hat sich jeder Studierende für ein Bild entschieden, erfindet er spontan einen Namen für seine Figur und legt das Alter der Figur auf dem Bild fest. Diese Entscheidungen teilt er dem Spielleiter mit, der sie notiert (also: Name des Studenten sowie Name und Alter der Figur, z. B. Elisabeth Müller: Svenja Lehmann, 29).

Hat der Spielleiter alle Namen notiert, bekommt jede Figur einen Paten in Form eines anderen Studenten. Der Pate notiert sich alles, was die Figur betrifft, und referiert den bisherigen Entwicklungsstand der Figur vor jeder neuen Szene, in der diese Figur sich präsentiert, z. B.: »Hier sehen wir Svenja Lehmann. In der letzten Szene haben wir sie im Kaufhaus beim Klauen gesehen. Der Detektiv, der sie erwischt hat, hat sie laufen lassen und sie in der Folge angerufen, um …«

Der Pate und die Zusammenfassungen dienen der Orientierung, weil die Szenen, in denen sich die Figuren präsentieren, zeitlich oft weit auseinander liegen und vielleicht nicht mehr allen präsent sind.

Sind die Figuren und ihre Namen gefunden und die Paten festgelegt, bekommen die Studenten zwei Wochen Zeit, eine Biografie für die Figuren zu schreiben. Diese Biografie soll den gesamten Lebenslauf der Figuren umfassen, von der Geburt bis zum Tod, auch wenn nicht alle Lebensabschnitte in den folgenden vorzubereitenden Szenen gezeigt werden.

Die Figurenbiografien werden dem Spielleiter und dem Paten ausgehändigt, die sie beide lesen. Zusätzlich erfindet jeder Student noch ein Geheimnis für seine Figur. Das Geheimnis wird dem Spielleiter zur gleichen Zeit wie die Biografie in einem verschlossenen Umschlag ausgehändigt. Dieser Umschlag wird erst nach Ende der letzten Szene geöffnet und allen vorgelesen. Das Geheimnis soll die Grundmotivation, der verdeckte Motor, der rote Faden für die Handlungen der Figur sein und kann im Nachhinein für Aha-Effekte sorgen, beispielsweise: »Jetzt verstehe ich, warum sie damals nicht auf den Anruf des Detektivs reagiert hat …«.

Die Figur wird in *vier vorbereiteten Szenen* vorgestellt. Vorbereitet heißt, dass der Student, der seine Figur präsentiert, sich (außer bei der ersten Szene) einen Partner sucht und mit ihm die Szene, die er sich ausgedacht hat, probiert. Das Gezeigte wird nicht spontan improvisiert, sondern folgt einer Absprache zwischen dem Studenten und seinem Wunschpartner. Wie weit diese Absprache geht, bleibt den Studenten überlassen. Die Szenen können also festgelegten Text haben und durchprobiert sein oder nur locker abgesprochen aus der gewählten Situation heraus neu entstehen.

Das Spielalter der Figur in den jeweiligen Szenen bleibt dem Studenten überlassen. Die Figur kann also in jedem Lebensabschnitt gezeigt werden. Die Szenen begleiten das Seminar und sind an den jeweiligen Entwicklungsstand der Studenten angepasst.

Die *erste Szene* kann kurz nach den schauspielerischen Vorübungen in etwa parallel zur »Parkbank« (siehe S. 106 in diesem Band) gezeigt werden. Hier soll der Studierende seine Figur in einer für sie charakteristischen Situation zeigen. Diese Situation sollte Licht auf eine wichtige Eigenschaft der Figur werfen. Diese Eigenschaft sollte aus der Szene ablesbar sein und von den Zuschauern benannt werden können. Ein Beispiel: Die Figur sitzt an einem Arbeitstisch, der vollgepackt ist mit Unterlagen, und sucht etwas Bestimmtes. Die zuerst methodische Suche wird immer hektischer und aggressiver, bis die Figur wütend aufspringt, schreit und den Tisch umkippt.

In der Auswertung dieser Szene werden die Studenten zuerst gebeten zu beschreiben, was sie gesehen, haben und dann daraus zu folgern, welche Eigenschaft ihr Kollege gemeint haben könnte. Aus dieser Szene wird wahrscheinlich auf »ungeduldig«, »cholerisch«, »unbeherrscht« geschlossen werden. Stimmen diese Interpretationen mit der Absicht des Studenten überein, war die Szene gelungen, wenn nicht, wird die Szene so oft verändert und wiederholt, bis sich Absicht und Interpretation decken.

Die *zweite Szene* ist eine Partnerszene und zeigt die Figur in Interaktion mit einer ihr wichtigen Person. Dabei wird Wert auf die Konkretheit der Situation und auf das Zusammenspiel der Partner gelegt. Ein Konflikt ist hier noch nicht zwingend vorgeschrieben. Deshalb kann die zweite Szene noch vor den Konfliktimprovisationen (s. S. 112ff. bzw. S. 123f. in diesem Band) angesetzt werden. Wichtig ist, dass die Zuschauer die Beziehung zwischen der Figur und dem gewählten Partner ablesen können und Informationen über die Natur dieser Beziehung erhalten.

Auch die *dritte Szene* ist eine Partnerszene und zeigt die Figur in einer existenziellen Auseinandersetzung mit einer anderen Person. Es geht um Liebe, Hass, Geburt, Tod, Eifersucht, Opfer sein oder bringen, Verlassen oder Verlassenwerden, … Diese Szene sollte während oder nach den Konfliktimprovisationen gespielt werden, damit die in der Szene angelegte Auseinandersetzung mit dem Partner nicht vermieden oder verwässert wird. In dieser Szene sollte nichts zurückgehalten und alles riskiert werden. Es geht um *die* entscheidende Situation im Leben der Figur.

In der *vierten Szene* geht es um das Lüften des Geheimnisses. Sie kann alleine oder mit Partner gespielt werden. Nach dieser Szene sollten die Zuschauer fähig sein, das Geheimnis der Figur zu benennen. Dieses Ergebnis wird mit dem in dem verschlossenen Umschlag niedergelegten Geheimnis verglichen und sollte damit deckungsgleich sein. Ist das nicht der Fall, wird so lange an der Szene gearbeitet, bis dieser Fall eintritt.

Die Figuren, die in diesen Improvisationen entstehen, wachsen sowohl den Spielern als auch den Zuschauern im Lauf der Zeit ans Herz, und was ihnen widerfährt, lässt niemanden kalt. Das ist ein großer Anreiz für die Spieler, Arbeit in die vier Spielszenen zu investieren, sich genau vorzubereiten und ihren jeweils gerade gewonnenen Wissensstand beim Spielen voll auszureizen.

eigene Notizen:

Übung »Konfliktimprovisationen nach Stücken«

Übungsziel: Übergang zum literarischen Text; Anwenden aller gelernten Kategorien; sich zu einer Figur »hinaufziehen« und über sich selbst hinauswachsen, statt die Figur dem eigenen Horizont anzupassen
Übungsanleitung: Der Spielleiter hat aus verschiedenen Stücken jeweils eine Situation plus Konflikt herausgelöst und beschreibt den Studenten diese Situation, ohne das Stück oder die Figurennamen zu nennen. Die Studenten wissen nur, dass dieser Konflikt tatsächlich aus einem Stück stammt. Sie bekommen einige Tage Zeit, um die Szene mit einem ihnen zugeteilten Partner zu proben, und führen sie dann vor dem Rest der Gruppe vor. Nach der Auswertung nennt der Spielleiter das Stück.

Die Besetzung kann durchaus nach pädagogischen Aspekten erfolgen. Weiter fortgeschrittene Studenten werden mit einer Figur besetzt, zu der sie sich erst hinentwickeln müssen, schwächere Studenten bekommen Figuren, die ihnen eher entgegenkommen.

Beispiel 1 für eine Konfliktimprovisation nach einer literarischen Vorlage:
Ein leicht gehbehindertes Mädchen in den Vereinigten Staaten der Dreißigerjahre hat sich weitgehend von der Außenwelt zurückgezogen und widmet sich hingebungsvoll seiner Glastiersammlung. Ihr Bruder hat einen Arbeitskollegen eingeladen, der die Schwester besuchen und aufmuntern soll. Im Kalkül des Bruders kommt der Arbeitskollege durchaus als zukünftiger Mann der Schwester in Frage.

Die Szene spielt im Zimmer des Mädchens, wo die beiden allein miteinander sind. Es stellt sich heraus, dass das Mädchen den jungen Mann noch von der Schule her kennt und früher heimlich in ihn verliebt war. Als durch das geöffnete Fenster Musik aus einem nahegelegenen Ballsaal dringt, verführt der geschmeichelte Freund des Bruders das Mädchen trotz seiner Behinderung zum Tanzen und gibt ihr einen Kuss. Dabei fällt das Lieblingsglastier des Mädchens zu Boden und zerbricht. Nach dem Tanz beginnt der junge Mann von seiner Verlobten (er ist also bereits vergeben) und der anstehenden Hochzeit zu reden. Als er sich von dem Mädchen verabschiedet, bleibt sie tief deprimiert zurück. (Tennessee Williams, »Die Glasmenagerie«, Figuren: Laura und Jim O'Connor)

eigene Notizen:

Beispiel 2 für eine Konfliktimprovisation nach einer literarischen Vorlage:
Ein Dienstmädchen in einem niederbayerischen Dorf wird nach dem Krieg 1948 schwanger von dem wegen Homosexualität vorbestraften Sohn einer Tagelöhnerin, der nach Verbüßen seiner Haftstrafe ins Dorf zurückgekehrt ist. Er hat sie geschwängert, um dem Gerede im Dorf etwas entgegenzusetzen. Das Mädchen ist naiv und fest davon überzeugt, dass er sie heiraten und mit ihr im Dorf eine Familie gründen wird. Sie sucht ihn auf dem Feld beim Kartoffelernten auf und konfrontiert ihn mit der Schwangerschaft und ihren Erwartungen. Er will nichts davon wissen und weist sie ab. Sie versucht ihn zu erpressen und demütigt ihn wegen seiner Homosexualität. Daraufhin sticht er sie in einem Wutanfall auf dem Feld nieder. (Martin Sperr, »Jagdszenen aus Niederbayern«, Figuren: Tonka und Abram)

eigene Notizen:

Spätestens beim Nachspielen der literarischen Szenen wird den Studenten klar, wie stark die Konflikte in den Szenen, mit denen sie sich in Zukunft beschäftigen werden, wirklich sind. Es wird auch klar, dass es in Zukunft darum gehen wird, solche Situationen glaubhaft zu verhandeln. Um die geforderte Höhe zu erreichen, müssen sich die Studenten zu den Figuren »hinaufziehen«, statt wie bisher in den Improvisationen die Figuren ihrer eigenen, in der Regel noch beschränkten Lebenserfahrung anzupassen.

Arbeit mit konkreter Textvorlage

Übungsziel: vom Improvisieren zum Fixieren; Anwenden des Gelernten auf literarische Szenen mit Text
Übungsanleitung: Nachdem die Studenten die Grundbegriffe schauspielerischen Handelns in den schauspielerischen Vorübungen und den schauspielerischen Übungen zunächst selbst erfahren und sie daraus für sich abstrahiert und verallgemeinert haben, wenden wir uns der Arbeit am konkreten Text zu.

Es wird Studenten geben, die die Arbeit mit vorgegebenem Text zunächst schwieriger finden als die freie Improvisation. Bei ihnen wird der Text hölzern und gestelzt klingen und sie am Spiel hindern. Mit diesen Studenten sollte daran gearbeitet werden, den Text nicht mehr als fremd zu empfinden, sondern ihn als Figur im Moment aus der Situation und aus dem Partner heraus jedes Mal wieder neu zu erfinden, obwohl sie ihn als Schauspieler natürlich schon kennen. Das ist keine leichte Aufgabe und sicher nicht im Rahmen des Grundlagenseminars zu bewältigen. Es hilft, sich in einem solchen Fall auch mit dem Sprecherzieher des Studenten zu verständigen.

Andere Studenten, denen das Improvisieren schwerer fiel, werden bei der konkreten Textarbeit plötzlich aufblühen und befreit losspielen, weil sie endlich von dem Zwang erlöst sind, selber Text produzieren zu müssen und für Situationen und Konflikte verantwortlich zu sein. Ihr Spiel wird durch die literarische Vorlage reicher und freier und sie haben keinerlei Schwierigkeiten, sich den Vorgaben anzupassen.

Als Vorlage sollte der Spielleiter ein Stück suchen, das den Studenten möglichst entgegenkommt. Es sollte in der Jetztzeit oder in nicht allzu ferner Vergangenheit spielen, und sich um Figuren etwa im Alter der Studenten drehen. Die Sprache sollte einfach und die Gedankenbögen nicht zu komplex sein. Die Szenen dürfen auf keinen Fall textlastig sein und sollten viele Spielmöglichkeiten bieten. So haben sich zum Beispiel »Frühlingserwachen« von Wedekind, »Sleeping Around« von Ravenhill, das Drehbuch zu »La Strada« von Fellini oder »Der Name« von Fosse als geeignete Vorlagen erwiesen.

Es bleibt dem Spielleiter überlassen, ob er die Studenten in verschiedenen Szenen besetzt und so versucht, das ganze Stück oder zumindest einen Bogen und die Entwicklung verschiedener Figuren innerhalb des Stückes zu erzählen oder ob er eine oder zwei Szenen mehrfach besetzt, um zu zeigen, wie verschieden ein und dieselbe Textvorlage umgesetzt werden kann, wenn verschiedene Spieler sie interpretieren.

Wichtig bei dieser ersten Textarbeit ist aber in jedem Fall, dass sowohl die Interpretationsansätze als auch die Spielvorschläge von den Studenten kommen, denn die erste Arbeit mit einer konkreten Textvorlage ist nicht der Zeitpunkt, an dem die Studierenden sich mit einem Konzept befassen sollten, das dem Text von einem Regisseur übergestülpt wurde, sondern es sollte um die Annäherung an den Text mit den in der Improvisation erlernten Kategorien gehen: Was ist die Grundsituation, was sind die Vorgänge, wo liegen die Drehpunkte, welche Biografie hat meine Figur, was ist ihr sozialer Hintergrund, was sind die Absichten meiner Figur, wo liegen die Widersprüche?

Am Anfang der Arbeit am Stück liegt eine gründliche Auseinandersetzung mit den historischen und sozialen Hintergründen. Der Spielleiter verteilt Themen zu Referaten, die die Studenten einander am Beginn der Leseprobe halten. In den Referaten sollten sie sich mit der Zeit, in der das Stück spielt, auseinandersetzen: historische Begebenheiten, Lebensart, soziologische Besonderheiten, philosophische und kunstgeschichtliche Themen der Zeit, Mode und Zeitgenossen. Mögliche Themen sind auch die Biografie des Autors und dessen andere Texte.

Sind diese Referate gehalten und haben die Studenten genügend Hintergrundwissen, können sie sich mit ihren eigenen Vorschlägen für Kostüm und Bühnenbild präsentieren. Dabei steht es ihnen frei, sich von allem Historischen abzusetzen und einen abstrakten Raum oder heutige Kostüme zu wählen.

Sind auch diese Entscheidungen getroffen, schreibt jeder Student eine Biografie für seine Figur, beantwortet die W-Fragen und lernt seinen Text.

Der Spielleiter kann mit Improvisationen zu den Figuren oder zu Szenen, die vor oder nach der gespielten Szene stattfinden, beginnen oder gleich konkret mit dem literarischen Text und der Spielszene selbst. Wichtig ist, dass die Studenten im Vorlauf genügend Zeit bekommen, einen eigenen Vorschlag miteinander zu entwickeln und zu proben.

Wenn sie ihren Entwurf vorgespielt haben, beschreibt der Spielleiter, was er gesehen hat, und stellt Fragen nach den Absichten der Studenten. Der Spielleiter sollte seine eigenen ästhetischen Vorlieben und seine eigene Stücksicht in dieser Arbeitsphase möglichst hintanstellen und den Studenten so viel Deutungshoheit wie möglich zugestehen, denn es geht bei diesem Schritt hauptsächlich darum, sie in ihren Spielvorschlägen zu bestärken und sie dazu zu ermuntern, selbst aktiv zu werden, statt sich von einem Regisseur im »Rück mich, bück mich, schieb mich«-Stil inszenieren zu lassen. Die Studenten sollen sich als gleichwertige Partner im kreativen Prozess erfahren und nicht als Vollstrecker fremder Ideen.

Folgerichtig arbeitet der Spielleiter nur eine Stunde an jeder Szene und schickt die Studenten dann auf andere Bühnen, damit sie die Anregungen, die sie aus der Zusammenarbeit mitgenommen haben, in den restlichen drei Stunden eigenständig ausarbeiten und vertiefen können.

Während der Proben zeigen die Studenten einander ihre jeweiligen Arbeitsschritte nicht. Erst am Ende der Probenphase spielen sie einander ihren jeweiligen Probenstand vor.

Es ist sehr wichtig, dass diese erste Präsentation in der vertrauten Gruppe bleibt und keine Gäste dazu eingeladen werden, auch nicht Studenten aus demselben Studienjahr, die in anderen Grundlagenseminaren arbeiten. Müssen die Studierenden sich vor Fremden präsentieren, wird der Erfolgsdruck zu hoch und die Arbeit bleibt nicht ergebnisoffen. Der Druck, ein präsentables Ergebnis produzieren zu müssen, mit dem man sich für künftige Arbeiten weiterempfiehlt, ist bei der beschriebenen Arbeitsweise kontraproduktiv. Deshalb sollte der Spielleiter dem oft von den Studierenden selber geäußerten Wunsch nach einem Vorspiel mit Publikum auf keinen Fall nachgeben.

Nach der Präsentation des aktuellen Probenstandes am Ende des Seminars werden die gezeigten Szenen sorgfältig ausgewertet. Die Studierenden beschreiben, was sie gesehen haben, was sie überrascht hat, sie stellen Fragen und gehen auf Entwicklungen ein. Wichtig ist auch hier der Respekt vor der Sichtweise des anderen und die Konzentration auf die schauspielerische Entwicklung jedes Einzelnen.

eigene Notizen:

Die Endauswertung

Am Ende des Grundlagenseminars findet eine Endauswertung statt. Hier geht es um das Anwenden aller Techniken zum Formulieren und Verarbeiten von Kritik: exakt beschreiben, konstruktiv kritisieren, gewaltfrei kommunizieren. Die Auswertung des Seminars muss gründlich vorbereitet werden. Der Spielleiter bittet alle Studenten, sich zu jedem Kollegen im Seminar folgende Fragen zu beantworten:

- An welche Szene erinnere ich mich, in der mir der Kollege besonders gut gefallen hat?
- An welche Szene erinnere ich mich, in der mich der Kollege besonders überrascht hat?
- Wie kann ich die Entwicklung des Kollegen vom ersten bis zum letzten Tag des Grundlagenseminars am besten beschreiben?
- Was kann ich ihm als Rückmeldung über sein Verhalten als Kollege mitgeben? Bleiben in Bezug auf Verlässlichkeit, Impulskontrolle, Sozialverhalten, … Wünsche offen?
- Was wünsche ich mir in Zukunft von dem Kollegen a) in künstlerischer Hinsicht und b) in seiner Eigenschaft als Kommilitone und Mitspieler?

Natürlich muss für die Beantwortung dieser Fragen genügend Zeit eingeräumt werden (mindestens eine Woche).

Bei der Auswertung hört sich jeder Student die Rückmeldungen jedes seiner Kollegen an. Der Spielleiter moderiert das Gespräch und achtet strikt darauf, dass die Kriterien einer sachlichen und fairen Auswertung zu jeder Zeit beachtet werden.

Der Spielleiter hat sich dieselben Fragen beantwortet, hält aber seine Meinung zurück, bis sich alle Studierenden geäußert haben. Erst dann beginnt er mit seiner Auswertung, die er immer in Bezug zu dem setzt, was bereits gesagt wurde. Dabei kann er natürlich das Gesagte bestätigen oder aber neue Akzente setzen.

Wichtig ist, dass in der Auswertung genügend Zeit für Rückfragen und etwaige Diskussionen bleibt. Kein Beitrag sollte aus Zeitmangel abgekürzt werden.

eigene Notizen:

Methodenvielfalt? Gedanken zu einer zukunftsorientierten Schauspielausbildung

von Stephanie Harrer

Das Theater ist ein sich ständig entwickelnder Ort. Permanent begegnen sich unterschiedlichste und widersprüchlichste ästhetische Positionen, verschiedenste Spielweisen, vollkommen divergierende künstlerische Sehnsüchte und Sichtweisen. Vor diesem Hintergrund betreten wir mit Fragestellungen, die das schöpferische Schaffen betreffen, ein äußerst schwieriges Feld. Denn diese heutige Entwicklung setzt Schauspieler voraus, die sich zum einen mit anderen künstlerischen Persönlichkeiten und den genannten Gegebenheiten persönlich, verantwortungsvoll, authentisch, leistungsfähig, schöpferisch lebendig und souverän auseinandersetzen und zum anderen dementsprechend differenziert »produzieren« können. Das kann und soll nicht bedeuten, dass sich jemand kritiklos unterwirft, sondern im Gegenteil fordert diese Entwicklung eine umfassend ausgebildete schauspielerische Persönlichkeit, die selbstbewusst und selbstständig arbeiten kann.

Gerade deshalb ist die Auseinandersetzung mit Fragen zur Fortentwicklung der Schauspielausbildung von größter Relevanz. Ist es überhaupt sinnvoll, etwas zu verändern? Wenn ja, was denn genau? Wie können, wenn gewünscht, unterschiedliche Arbeitsmethoden überhaupt etabliert werden und zu welchem Zeitpunkt der Entwicklung wäre das zweckmäßig, ohne unnötige Verwirrung bei den Studierenden herbeizuführen?

Über das *Was* in der Lehre sind sich alle Methoden einig: Sie postulieren den fundiert ausgebildeten und authentischen Schauspieler als Ziel. Was das *Wie* der Ausbildung betrifft, das zu diesem Ziel führen soll, haben sich im Laufe der Zeit zahlreiche Wege entwickelt. Den Anspruch auf die eine Wahrheit kann es nicht geben, das käme Dogmatismus gleich, und der verhindert Kreativität.

Voraussetzung einer gelungenen Schauspielausbildung ist es, dass auf der Basis der oben gestellten Fragen an der jeweiligen Hochschule im Kollegium konkrete Entscheidungen getroffen werden. Wünschenswert für die beste Entwicklung der Studierenden ist ein methodensicheres Kollegium. Denn alle Diskussionen diesbezüglich, die am Ende immer auf dem Rücken der Studierenden ausgefochten werden und diese dadurch unnötig verunsichern, gilt es, konsequent zu vermeiden.

Ein fundierter Grundlagenunterricht, wie in diesem Buch ausführlich beschrieben und dargelegt, ist zukunftsorientiert, da er den Studierenden die notwendige Basis mit auf den Weg gibt, in ihrem Beruf selbstständig, verantwortlich und professionell künstlerisch tätig zu werden. Etabliert wird ein jegliche Moden überdauerndes Handwerk, das sich mit dem Wesen der Schauspielkunst als aktiver Tätigkeit beschäftigt. Dieses Handwerk versetzt die Studierenden überhaupt erst in die Lage, sich später mit unterschiedlichen Spielweisen, verschiedenen Spielanordnungen und sich widersprechenden methodischen Positionen auseinanderzusetzen zu können. Damit diese Auseinandersetzung auf fruchtbaren Boden fallen kann und nicht in Verwirrung oder Missverständnisse führt, brauchen die Studierenden unbedingt die Zeit, sich zunächst einmal den grundlegenden, gerade erst gelernten methodischen Parametern Stück für Stück anzunähern und sie sich zu eigen zu machen. Allein durch die Begegnung mit den verschiedenen Dozenten erleben die Studierenden für den Anfang genügend Vielfalt.

Als Zeitpunkt für die seriöse Auseinandersetzung mit anderen methodischen Ansätzen bietet sich das dritte Studienjahr an. Die Studierenden sind dann in der Lage, objektiv und differenziert andere Arbeitsansätze zu betrachten.

In ihrer Berufspraxis werden sie nicht explizit darauf aufmerksam gemacht, ob nun ein Regisseur exakt nach dieser oder jener Methode arbeitet. Vielmehr müssen Schauspieler in der Lage sein, durch die konkrete Kommunikation mit dem Regisseur für sich herauszuarbeiten, an welcher Spielanordnung oder welchem Konzept in den nächsten Wochen wie gearbeitet wird, um als gleichrangige Partner mitzuarbeiten. Das dafür notwendige Rüstzeug bekommen die Studierenden durch die Begegnung mit den unterschiedlichen Methoden und die Kenntnis der verschiedensten Spielweisen, von psychologisch bis performativ. Diese Begegnungen können ganz unterschiedlich ablaufen. So kann es einfach nur ein Gespräch über die eine oder die andere Methode geben oder es kann für einen Workshop ein Dozent, der sich mit einer bestimmten Methode gut auskennt, eingeladen werden.

Durch den Schritt zur unbewussten Kompetenz, welche die Absolventen befähigt, die im Studium erlernten schauspielerischen Grundlagen jederzeit abzurufen und mühelos anzuwenden, werden sie sich stets mit einer selbstständigen Arbeitsweise behelfen können, auch wenn sie in der Praxis in problematische Situationen geraten. Sie können sich zu jedem künstlerischen Konzept, zu jeder künstlerischen Anforderung professionell verhalten und sowohl praktisch als auch theoretisch Angebote machen, die die jeweilige Arbeit konstruktiv fördern.

Um deutlich zu machen, wie vielfältig die Gedanken zu dem Thema einer zukunftsorientierten Schauspielausbildung sind, erhalten wir abschließend einen differenzierten Einblick in die Überlegungen anderer geschätzter Kollegen, die an verschiedenen deutschsprachigen Schauspielschulen tätig waren und sind. Für die Gespräche möchte ich mich sehr bedanken!

Interviews zum Thema Methodenvielfalt

● Marina Busse

Schauspielausbildung im Schauspielstudio Gmelin, München, Strasberg-Seminare in München und New York, Studienaufenthalte an New Yorker und Moskauer Hochschulen; wesentliche künstlerische Arbeiten u.a. mit Ingrid Lausund, Jerzy Jarocki, Rudolf Noelte, Stefan Müller, Hansjörg Utzerath; Lehrtätigkeit: nach Lehraufträgen am Mozarteum Salzburg, an der Bayerischen Theaterakademie München 2003 Berufung zur Professorin an die Folkwang-Universität Essen, wo sie seit 2006 Dekanin des Fachbereichs Darstellende Künste ist und die interdisziplinären Studien und Projekte im Fachbereich aufgebaut hat; sie unterricht Grundlagen der Theaterarbeit in den Studiengängen Schauspiel, Regie, Physical Theatre und Musical sowie Szenen- und Monologstudien im Studiengang Schauspiel

Was bedeuten Grundlagen der Schauspielkunst für Sie?
Wenn ich heute nach all den Jahren der Schauspielarbeit und Lehrerfahrung meine Gedanken zu Grundlagen beschreibe, merke ich, dass sich die Inhalte zum Thema verändert bzw. erweitert haben. Auf der einen Seite beziehe ich mich auf die tradierten, anerkannten schauspielerischen Grundlagen, auf deren Basis wir an allen deutschsprachigen und europäischen Schulen mit unterschiedlichen Schwerpunkten arbeiten – und am Ende der Kette landen wir alle bei Stanislawski. Zu den Grundlagen gehören außerdem in enger Vernetzung die Fächer Stimme und Sprechen sowie Körper- und Bewegungsarbeit, das Kennenler-

nen des Instruments. Es gibt sehr klar bestimmbare Bestandteile, von denen wir wissen: die braucht es für die Durchlässigkeit am Körper, im Sprechen und in der Stimme und für die erarbeitete Durchlässigkeit des spielerischen Prozesses. Ebenso eine Art Grammatik zum Spiel. Zugleich stellen wir uns in der Bestimmung der Grundlagen auch neu ein auf die Bedürfnisse, die die jungen Leute haben, die bei uns studieren, in ihrer Art zu leben, zu denken, Theater zu erleben. Und das Theater geht heute andere Wege.

So gehören heute, in der sehr defokussierten Welt, zur Grundlagenarbeit unbedingt dazu: Konzentration, Fokussierung und Wahrnehmungsarbeit. Diese Punkte kann man sich natürlich auch anlesen in den Schriften von Stanislawski bis Strasberg. Aber unsere Welt ist komplexer, komplizierter geworden, das verlangt nach einer Intensivierung der Auseinandersetzung mit diesen notwendigen Anteilen der Arbeit, um zu authentischer Selbstwahrnehmung und Wahrnehmung der Außenwelt zu gelangen. Wir wissen zudem durch die Hirnforschung mehr davon, wie die Daten der Wahrnehmung ans Gehirn gegeben werden, und nutzen das zur Visualisierungsarbeit. Heute nötige Grundlagen heißen demgemäß auch: (zu-)hören lernen, sehen lernen; die Welt wahrnehmen durch unsere Sinne, die damit Arbeitsmaterial und Instrumentarium werden. Das bezieht sich dann im zweiten Schritt auch auf die Raumarbeit, Licht, Rhythmus, Tempo und den Partner. Mir ist ein wesentliches Interesse, dem Studierenden erfahrbar zu machen, was sein konkretes Spiel-Material ist, um ihn selbstständig zu machen, fähig, seinen eigenen Koffer zu packen mit Gelerntem, Verantwortung zu übernehmen für das eigene Handeln in der Aufgabe und sein eigenes künstlerisches, schöpferisches Potenzial zu erweitern.

Auch in meiner Schauspielausbildung wurde immer von der Ganzheitlichkeit des Körpers, des Denkens, des Fühlens gesprochen, was mit dem heutigen Verständnis davon nicht mehr zu vergleichen ist. Meine Schauspielschule bot damals z. B. Feldenkrais an, »Bewusstheit durch Bewegung«. Kein Mensch wusste, wie man das überhaupt schreibt. Bewegungsarbeit und Tanz waren grundlegend für meine schauspielerische Bewusstheit. Aus diesem Ansatz hat sich meine ganz eigene Suche im Spielen entwickelt, aber auch aus der Erfahrung, dass ich zu Beginn meines Berufes zu wenig handwerkliche Sicherheit hatte, zu wenig konkrete Arbeitsmaterialien.

Neben meiner Arbeit als Schauspielerin bin ich viel gereist, habe Schauspielschulen besucht und festgestellt, dass ich immer dann Interesse an den Spielern hatte, wenn ich erleben, sehen konnte, wie ein Körper seiner Vorstellung folgte und ein künstlerischer Raum, Ausdruck entstand. Das ist das Thema, das grundlegend geworden ist in meinem Unterricht. In der handwerklichen Vermittlung, in der künstlerischen Initiation, in der Improvisation, im Szenenstudium. Der Körper folgt der Vorstellung. Und wir spielen eine Vorstellung, unsere eigene und für das Publikum.

Was denken Sie über Methodenvielfalt?
Wir sind in der heutigen Zeit in der glücklichen Lage, dass wir Methodenvielfalt haben, das heißt, wir können auf das vielgestaltige Wissen zurückgreifen, was da ist, wir erfinden ja alle nichts Neues. Wir können und müssen bezüglich der Vielfalt am Theater, der Ausdrucksformen und der Texte diese Vielfalt der Methoden anwenden bzw. das Bewusstsein dafür vermitteln. Die Zeiten der Abgrenzung und des »Nur so, auf diese eine Weise geht es!« sind vorüber. Wir können gleichermaßen auf handwerkliche Grundübungen der russischen, amerikanischen, polnischen, deutschen Schulen zurückgreifen. Sowohl z. B. auf die handwerklich-»technisch« methodische Arbeit, die in den ehemaligen Ostschulen konsequent weiterentwickelt worden ist, als auch auf die freieren Improvisationen, die spielenergetischen Versuche von Keith Johnstone etwa, um zwei Eckpunkte zu nennen. Beides schließt sich nicht aus, aber es ist eine Frage des Zeitpunktes.

Es gibt immer Schnittmengen, denn wir wenden die Methoden ja »weich« an, finden Parallelen und stellen Transfers her. Und es muss auch berücksichtigt werden, dass es unterschiedliche Typen von Studierenden gibt, mit denen wir auch unterschiedliche Wege gehen müssen, Schwerpunkte verschieben. Nicht jede Methode wirkt bei jedem Studierenden zielführend. Es gibt Menschen, die müssen strukturiert, sehr bewusst von außen nach innen arbeiten, und es gibt andere, bei denen der innere Reichtum bestärkt werden muss, damit sie den Mut bekommen, ihn nach außen zu tragen, sie können sich oft erst nach diesem Prozess über Herstellung und Weg bewusst werden. Es ist die Aufgabe der Dozenten herauszufinden, welcher Weg jeweils geeignet ist, den schöpferischen Prozess zu initiieren und freizusetzen, also wer was und zu welchem Zeitpunkt im Studium braucht. Ich bin dankbar dafür, in einer Zeit zu leben und zu lehren, wo wir nicht alle über einen Kamm scheren müssen. Aber das bringt neue, erweiterte Anforderungen an die Lehrenden mit sich, denen sie sich stellen müssen.

Wann sollten Studierende mit Methodenvielfalt konfrontiert werden?
Im ersten Jahr ist Vielfalt nicht sinnvoll. Es braucht erst die erwähnten klaren Grundlagen, die »Grammatik« und den »sicheren Boden«, wenn es den bei der Schauspielerei überhaupt geben kann. Wir haben bei Folkwang im Zuge der Studienreform viel darüber diskutiert, wie der Aufbau sein soll, wann neue methodische und künstlerische Erfahrungen eingebracht werden sollten, haben inzwischen auch nachgebessert, es war zu viel. So sollten im ersten Jahr nicht mehr als zwei unterschiedliche methodische Ansätze gearbeitet werden, zu den spielerischen Grundlagen kommen ja auch noch Bewegungs- und Sprecharbeit. Das ist viel und braucht Zeit, bis es den Körper und den Kopf durchdringt. Dazu kommt ja auch noch, dass die Studierenden im ersten Jahr erst einmal »ankommen« und das Arbeiten lernen müssen. Das ist die Basis. Methodische Vielfalt verwirrt und verunsichert, wenn sie zu früh kommt.

Zu den Grundlagen gehören heute sicher auch die Konzentration, das Denken, das Lesen (im Sinne von Textverständnis) und das Beschreibenlernen – die Wahrnehmungsarbeit, eine Ausbildung des künstlerischen Verständnisses. Dann, im Zuge der ersten Textarbeit, stellen sich den Studierenden wieder neue Aufgaben: die Anwendung der erlernten Grundlagen auf die Annäherung an Figur, Situation, Zeit. Die Wahl eines bestimmten Arbeitstextes – ob Klassiker, Realismus, Komödie – beeinflusst ja auch den jeweiligen methodischen Ansatz, mit dem an diesem Text gearbeitet wird. Zusätzlich bestimmt ja auch der Lehrende den grundsätzlichen Arbeitsweg durch den von ihm bevorzugten methodischen Ansatz.

Schon daraus ergibt sich im ersten Studienjahr Methodenvielfalt. Aber sie basiert eben auf den Grundlagen, die in diesem ersten Jahr erlernt werden. Wesentlich ist, den Transfer immer wieder aufzurufen.

Im dritten Jahr des Studiums folgt dann die Öffnung, dann sollten wir die Vielfalt von Wegen aufzeigen, andere, neue Ausdrucksmittel mit den Spielern erproben, ihr spielerisches Können fordern in Anbindung an ihr eigenes schöpferisches Potenzial – die verschiedenen Methoden also als ein Mittel, um die Inspiration zu locken. Wir Schulen können keine Supermärkte sein, indem wir von allem ein bisschen was bieten, ohne in die Tiefe zu gehen. Aber wir können das Bewusstsein wecken für die Vielfalt der Möglichkeiten, die es weiter zu entdecken und zu erarbeiten gilt. Ab diesem Zeitpunkt ist die Methodenvielfalt also extrem wichtig. Bis dahin, dass Studierende bestärkt werden, auch in Richtungen zu denken und zu arbeiten, die vielleicht gar nichts mit dem Schwerpunkt der eigenen Schule gemein haben.

Am Ende der Ausbildung muss unbedingt mehr rauskommen als nur schöne Rollen, besser gesagt: gut oder perfekt gearbeitete Rollen, die »dem Markt« gerecht werden. Wir wissen, dass es diesen Markt so gar nicht gibt, die Bedürfnisse der Theater sind extrem unterschiedlich. Wollen wir den Alleskönner, der alles abdeckt? Sicher nicht, wir wollen dem Spieler eine spielerische und geistige Befähigung geben, vielfältig zu spielen, seine Ausdrucksmittel zu erweitern. Ich glaube, Methodenvielfalt muss dahin führen, dass die Studierenden in der Lage sind zu entscheiden, welchen Weg sie gehen wollen, welche ihre persönlichen Ausdrucksmittel sind. Dazu müssen wir sie für die Zukunft sicher verstärkt befähigen, eigene Themen zu finden, eigene Stücke, Performances zu entwickeln und umzusetzen, auch interdisziplinär zu arbeiten. Die Theaterlandschaft verändert sich so grundlegend, darauf müssen wir sie vorbereiten. Vor allem das muss in der Auseinandersetzung mit dem Thema Methodenvielfalt berücksichtigt werden.

Werner Wölbern

geboren 1961; zunächst Studium der Theaterwissenschaft; danach Schauspielausbildung an der Essener Folkwang-Hochschule; zahlreiche Engagements u.a. am Schauspielhaus Düsseldorf, Thalia Theater Hamburg, Burgtheater Wien, bei den Salzburger Festspielen, am Deutschen Theater Berlin; mehrere Auszeichnungen; Lehrtätigkeit: ab 2002 Rollen- und Szenenunterricht an der Hochschule für Musik und Theater Hamburg, seit Wintersemester 2007/2008 Professor für Rolle/Szenischen Unterricht an der Hochschule für Musik und Darstellende Kunst (HfMDK) Frankfurt am Main

Was bedeuten Grundlagen der Schauspielkunst für Sie?
Das ist in erster Linie das Erlernen des Handwerks. Dazu gehören Raumaufnahme, Partnerspiel, Erlernen des Drehpunktes, Untertext und so weiter. Die Studierenden müssen diese Punkte lernen, damit sie damit arbeiten und umgehen können. Das ist die Basis, auf der ein Schauspieler überhaupt erst existieren kann.

Zur Grundlagenarbeit gehören selbstverständlich auch die Stimmarbeit und die Sprecherziehung sowie die Körperausbildung. In unserem Fall ist das das Fach: Physiodrama. Dass die Studierenden also lernen, mit ihrem Körper szenisch umzugehen, dass sie ihren Körper szenisch einsetzen lernen und möglicherweise auch über den Körper arbeiten können. Durchaus psychologisch, aber ausgehend von einem Körperimpuls.

Was denken Sie über Methodenvielfalt?
Erst einmal gibt es eine Methodenvielfalt. Die gibt es einfach. Punkt.

Es gibt mehrere Methoden, wie man den Beruf des Schauspielers erlernen kann. Es gibt auch Leute, die sagen, ich brauche überhaupt keine Ausbildung. Ich mache das, wie ich bin, und das ist es. Das ist die eine Seite. Dann gibt es die andere Seite, dass Leute sagen, es gibt nur die eine Methode und es gibt auch nichts anderes, und so muss es gemacht werden, und alles andere ist falsch. Das wäre das andere Extrem oder die andere Seite der Linie.

Es ist sehr gut, dass es Methodenvielfalt gibt. Der Methodenvielfalt müssen und sollten wir uns als Dozenten stellen.

In meinem Rollenunterricht beschäftige ich mich nicht permanent mit der Frage, nach welcher Methode ich nun gerade unterrichte. Ich bin verschiedenen Methoden (u.a. Stanislawski, M. Čechov, Johnstone) begegnet, habe mich mit diesen beschäftigt und wende das, was ich als fruchtbar und sinnvoll empfinde, in meinem Unterricht an. Aus den Dingen, die ich gelesen und gelernt und studiert habe, habe ich mir die Punkte genommen, die mir sinnvoll erscheinen, und wende sie an. Das finde ich völlig in Ordnung so. Denn daraus resultiert ein eigener Weg des Unterrichtens. Natürlich entsteht dadurch ein Schwerpunkt, da ich mit einigen Theorien mehr anfangen kann als mit anderen. Aber ich glaube, dass man sich diesem Punkt als Dozent auch genau so stellen muss, dass man sagt, ich picke mir ganz brutal und ganz frech aus den einzelnen Methoden die Punkte raus, von denen ich glaube, dass sie zu meinem Konzept eines sinnvollen Schauspielunterrichtes passen.

Ab wann sollten die Studierenden mit Methodenvielfalt konfrontiert werden?
Es fällt mir schwer, die Frage so zu beantworten. Ich denke, dass die Studierenden von vornherein damit konfrontiert werden, in dem Sinne, dass sie ja durch die Arbeit mit einem bestimmten Dozenten, und zwar aus den in der Antwort auf die vorherige Frage beschriebenen Gründen sowieso damit konfrontiert sind. Auf der anderen Seite bin ich der Meinung, dass man sie nicht ausdrücklich damit konfrontieren soll, weil das für mich eigentlich kein Thema ist.

Zur Frage, ab wann sie sich *theoretisch* mit den verschiedenen Methoden beschäftigen sollten, würde ich sagen, frühestens im dritten Studienjahr. Für die ersten beiden Studienjahre ist es uninteressant, weil es so viele praktische Dinge gibt, die es erst einmal zu lernen gilt. Ich fände es als Schauspielstudierender nicht wirklich interessant, eigentlich sogar verwirrend, mich bewusst mit so vielen Methoden gleichzeitig zu beschäftigen. Der Fokus, der Kanal geht eigentlich über den Dozenten. Deshalb ist es notwendig, dass der Dozent sich ganz klar entschieden hat, wie der Unterricht zu gestalten ist.

Ich kann nur von mir ausgehen. Gut, das ist fast dreißig Jahre her, aber ich kann mich sehr gut daran erinnern. Wenn mir im ersten Jahr meines Studiums jemand etwas über Stanislawski und Grotowski und dann noch über diesen und jenen erzählt hätte, dann hätte ich, denke ich, nicht sehr viel damit anfangen können. Die theoretische Auseinandersetzung mit verschiedenen Methoden sollte erst dann stattfinden, wenn die Studierenden einen gewissen Fuß auf dem Boden haben. Damit sie selbstbewusst sagen können: Hey, da gibt es ja auch noch so was, das probiere ich jetzt mal aus.

Parallel dazu geht es ja auch um Theaterformen. Die jungen Leute, die jetzt studieren, gehen natürlich viel ins Theater. Klar. Und da sehen sie Inszenierungen von Ostermeier, Pollesch, Gottscheff, ... Und das sind ja ganz eigene Welten und Spielweisen, mit denen sie dort konfrontiert werden. Damit müssen sie sich auseinandersetzen. Das ist wichtig.

Nicht sinnvoll wäre es, im ersten Jahr zu sagen, ich spiele jetzt so, als ob ich bei Gottscheff arbeiten würde. Das bringt gar nichts. Genauso wenig Sinn hat es, den gesamten Stanislawski durchzulesen, um dann auf diesem Weg Schauspieler zu werden. Das geht nur über einen Austausch im Unterricht und da wird dann, wie gesagt, der jeweilige Dozent wichtig.

Ich hoffe aber auch, dass die Studierenden im Laufe des ersten Jahres intelligent und mutig genug sind, gelernte Dinge wieder in Frage zu stellen. Was sie selber betrifft, aber auch, was eine sogenannte Methodik betrifft. Diese Auseinandersetzung würde ich mir sehr wünschen, sie befördert für mich einen intelligenten Schauspieler.

Wenn ich den Studierenden im zweiten Studienjahr als Dozent begegne, haben sie Grundlagen gelernt. An diesem Punkt bemerke ich oft bei ihnen, bei dem einen mehr als bei dem anderen, den Wunsch, Dinge *richtig* zu machen. Wahrscheinlich ist das völlig normal, da sie ja nun schon etwas gelernt haben, sprich: Sie haben das Autofahren gelernt, so und so geht das jetzt, in den Rückspiegel schauen, blinken und dann losfahren.

Den Rahmen, den sie bisher gelernt haben, verlassen zu können, ist ein wesentlicher Schritt, den es nun zu gehen gilt. Der Sprung ins kalte Wasser zu wagen, um dann zu erkennen: Ich kann schwimmen!

Das ist für mich wichtiger als die Frage nach der Methode: spätestens ab dem zweiten Studienjahr den Mut entwickeln, Risiken einzugehen und einfach loszuspielen.

Das hat mit einer Reife, mit einer schauspielerischen Persönlichkeit zu tun, die sich im ersten Studienjahr entwickelt und aufbaut, damit sie im zweiten Studienjahr die Lust und den Willen ausgebildet hat, Dinge auszuprobieren. Natürlich entwickelt sich das Schritt für Schritt und braucht seine Zeit.

Hans-Ulrich Becker

geboren 1956 in Frankfurt am Main; zunächst Studium der Medizinischen Dokumentation, dann der Germanistik, Theaterwissenschaft und Kulturanthropologie; danach am Freien Theater in Frankfurt und künstlerischer Leiter des Festivals »Theater in Bewegung« in Marburg; 1987–1989 Regieassistent am Bayerischen Staatsschauspiel; danach als Regisseur in Aachen, Heidelberg, Mannheim, Stuttgart (mehrfache Einladung zum Berliner Theatertreffen); Gastinszenierungen u. a. am Deutschen Theater Berlin und am Thalia Theater Hamburg; seither auch Regie-Arbeiten im Musiktheater; Lehrtätigkeit: 2004–2009 Professor für Praktische Theaterarbeit an der Folkwang-Hochschule Essen/Bochum, seit 2009 Professor für Regie an der HfMDK Frankfurt am Main

Was bedeuten Grundlagen der Schauspielkunst für Sie?
Diese Frage kann ich nur von zwei sich zunächst wahrscheinlich widersprechenden Enden her beantworten. Das eine Ende ist, um George Tabori zu zitieren, der Schauspieler als ein »professioneller Mensch«. Das bedeutet, der Schauspieler ist jemand, der spezialisiert und trainiert ist, Gefühle und Emotionen, Erinnerungen und Situationen stark zu empfinden und zu erleben, sie beobachtend zu verarbeiten, um sie dann wiederholend »herstellen« zu können. Diese »innere Technik« gibt die eine Grundlage für die Darstellung, sie ist ganz konkret und nie allgemein. Ein Teil davon ist nicht lehrbar, ich nenne ihn das »Sehen« des Schauspielers. Das bedeutet für mich, dass der Schauspieler die Be-

gabung hat, ein inneres, fantasievolles Bild oder gar einen ganzen Film vor sich ablaufen zu lassen, sich eine Biografie oder einen Vorgang oder eine fremde Person anverwandeln kann.

Die Grundlagenarbeit stellt Methoden und Mittel zur Verfügung, durchlässiger zu werden, wahrzunehmen, eine bestimmte Empfindsamkeit zu haben und diese Empfindsamkeit zuerst beschreiben, dann spielerisch und am Ende szenisch ausdrücken zu können. Sie lehrt, das Material zu gewinnen, zu ordnen, zu überprüfen, damit zu spielen und es *wieder*holbar zu machen.

Wenn wir auf der einen Seite von Tabori (in der Nachfolge von Konstantin S. Stanislawski, Michail Čechov und Lee Strasberg) sprechen, können wir das auf der anderen Seite historisch von Diderot, Craig, Meyerhold und Brecht tun. Das zweite Ende, von dem ich sprach, ist die äußere Technik und damit die gesamte geformte Ausdrucksebene. Das heißt, es gibt ganz bestimmte Techniken, die sich im Laufe der Jahre entwickelt haben und sich am Schluss im Flow und der Mitte vereinen. Die »äußeren Techniken« haben mit Theatermitteln zu tun, zum Beispiel mit Sprechen, Stimme, Klang, Bewegung und Körper, mit Dynamorhythmus, Raum und Timing, aber auch mit Fertigkeiten wie Akrobatik, Stunttechniken, Gesangstechniken, Präsenztechniken. Darüber hinaus heißt das aber auch intellektuelles Begreifen von Texten, physisches und auch formales Gestalten. In einem dialektischen Prozess beeinflussen sich beide Techniken, so dass das Handeln und die Empfindsamkeit des »professionellen Menschen« mit den äußeren Techniken verschmelzen und auf der Bühne gesehen werden können.

Das sind für mich die Grundlagen von Schauspielkunst. Leider wird das eine so oft gegen das andere ausgespielt, aber in Wirklichkeit treffen sich die beiden Enden – auf welcher Seite der Waage auch immer. Bei einem guten Schauspieler werden sich die beiden Enden begegnen. Die Frage ist, womit fängt er an, und womit hört er auf? Und das ist, denke ich, höchst individuell. Der eine muss zuerst z. B. Gänge und Mantelanziehen probieren, der andere erst eine Atmosphäre oder Gestimmtheit.

Was denken Sie über Methodenvielfalt?

Das Theater hat sich ungemein gewandelt in den letzten Jahren. Es gibt eine zunehmende Individualisierung und keinen konsensstiftenden allgemeinen Theaterbegriff mehr.

Ein Schauspieler, der in einem Ensemble spielt, in dem es verschiedene stilbildende Regisseure mit einer jeweils vollkommen verschiedenen Auffassung von Theater und vom Schauspielen gibt, muss den Spagat machen können, jeweils mit diesen verschiedenen Handschriften klarzukommen. Diese Handschriften können zueinander im völligen Widerspruch stehen, das geht ja von performativen Ansätzen, die nichts mehr mit Figuren und Situationen zu tun haben, bis hin zu hoch psychologischen einfühlenden Techniken.

Deswegen muss das in der Ausbildung bereits vorkommen. Allerdings auf der Basis, dass die Studierenden erst einmal *einen* Weg lernen, um dann in die Vielfalt zu kommen und mit dem Paradox konfrontiert zu werden, dass die eine Wahrheit und sichere Erkenntnis sofort eine Gegenwahrheit nach sich zieht.

Deshalb muss die Ausbildung auch auf Persönlichkeiten setzen, die den Mut haben, mit dieser Vielfalt spielerisch, vor allem unbefangen und neugierig umzugehen.

Ab wann sollten Ihrer Meinung nach die Studierenden mit Methodenvielfalt konfrontiert werden?
Ganz einfach gesagt: vom Einen zum Vielen. Man braucht ja erst mal, wie jeder Musiker auch, eine Grundlage, auf welcher der Studierende überhaupt lernen und trainieren kann, dann kann er erweitern und improvisieren. Dabei geht es nicht darum, ob der Studierende diesen Ansatz persönlich mag oder nicht, sondern um verschiedene Wege. Es gibt z. B. bestimmte Dinge, an die kommt man psychologisch oder einfühlend überhaupt nicht heran. Und es gibt Dinge, an die man formal nicht herankommt.

Und deswegen sollten in einer guten Schauspielausbildung verschiedene Wege zur Rolle, Wege zur Figur, Wege zum Ergebnis, unbedingt geübt und erprobt werden. Dann kann sich der Schauspieler später das, was für ihn am besten funktioniert heraussuchen. Das ist ja ähnlich wie z. B. die Debatte in der Psychotherapie, ob aufdeckende (Psychoanalyse) oder zudeckende Ansätze (Verhaltenstherapie) die »richtigen« sind: Wer heilt, hat recht und … wer gut spielt, hat recht!

Nach meiner Erfahrung sollte die Grundlage für den Anfang das Prinzip einer realistischen Darstellung sein. Das sollte in der Schauspielausbildung der Ausgangspunkt sein. Das erfordert das Training von Beobachten und Beschreiben. Und diese Grundlagenarbeit muss erst einmal eine Weile gefestigt werden. Und von da aus, kann man sich dann in die anderen Felder hineinwagen. Alles andere, z. B. Verfremdung oder Dekonstruktionen, können sich daraus ergeben.

Es gibt ja diesen lustigen Begriff vom »Welpenschutz«. Das heißt für mich, dass ich die Studierenden erst einmal eine Grundlage lehre, die auf einem erweiterten Begriff von Stanislawski beruht. Im zweiten Studienjahr öffne ich dann langsam das Arbeitsfeld.

Hermann Schmidt-Rahmer

geboren 1960 in Düsseldorf; Studium der Musikwissenschaft und Philosophie in München und der Darstellenden Kunst an der Hochschule der Künste Berlin (heute Universität der Künste); zunächst als Schauspieler an der Freien Volksbühne Berlin, am Hamburger Schauspielhaus und am Wiener Burgtheater; seit 1990 als Regisseur u.a. in Basel, Düsseldorf und München tätig; Lehrtätigkeit: seit 2009 Professor für Szene an der Universität der Künste Berlin, wo er zurzeit an einem Forschungsprogramm für zeitgenössische Darstellungstechniken arbeitet

Was bedeuten Grundlagen der Schauspielkunst für Sie?
Die noch vor Kurzem alles bestimmende Praxis des traditionellen Sprechtheaters auf der Grundlage des geschriebenen dramatischen Textes und dessen Interpretation im Stil des psychologischen Realismus hat sich ausdifferenziert in eine Vielzahl neuer Spielformen. Die Diskussion um den Begriff des Postdramatischen Theaters hat deutlich gemacht, wie vor Kurzem noch marginale Spiel- und Darstellungsformen ins Zentrum der deutschsprachigen Theaterpraxis gerückt sind. Ästhetiken, die traditionell ausschließlich im Bereich des Offtheaters, der internationalen Avantgarden oder im Grenzbereich zur Bildenden Kunst angesiedelt waren, finden sich wieder in den Spielplänen der deutschen Stadttheater. Wo eben noch unter Schauspiel die Verkörperung einer Figur verstanden wurde, gehören nun Elemente des rein Performativen ganz selbstverständlich zum Formenkanon der Regisseure. Begriffe wie Situation, Subtext, Handlungsabsicht, die bisher der Generalschlüssel zur darstellerischen Praxis waren, stellen sich für die Erarbeitung eines Jelinek- oder Pollesch-Textes als unwesentlich heraus. Die Einheit der Figur zerfasert, Textflächen, deren Sprechintention kaum mehr erkennbar ist, wälzen sich über die herkömmlichen Identitäten, Regisseure weigern sich, sich auf der Probe mit Erwägungen über realistische Begründungen von Spielzügen zu beschäftigen. Das Berufsbild des Schauspielers erweitert sich hin zu einer Praxis, die sich durch den neuen Begriff des »Performers« nur unzureichend be-

schreibt. Dieser Tatsache muss ein Studium der Darstellenden Kunst heute Rechnung tragen.

Das Studium schauspielerischer Grundlagen wird sich damit beschäftigen müssen, eine Methodologie zu entwickeln, deren Ziel es ist, den gemeinsamen Wesenskern disparatester Spielformen freizulegen. Wollte man die vorläufige Theorie einer solchen Methode entwickeln, würden eher Begriffe wie Inspiration, Akzeptanz, Reaktion, Muster und Interpretation eine Rolle spielen. Die Lehre von Techniken der improvisatorischen Selbstinspiration bedeutet in erste Linie Schulung der Spontaneität. Voraussetzung hierfür ist eine Herabsetzung der Eigenzensur und die Schulung der Fähigkeit, wahrzunehmen und zu akzeptieren, was »ist«. Und zwar sowohl im Sinne der Selbstwahrnehmung als auch in der Wahrnehmung der Außenwelt, des Partners, des Publikums. Unmittelbar daraus folgt die Schulung der Reaktionsfähigkeit, ein Begriff, den ich für jeden schauspielerischen Akt als zentral erachte, denn im Wesenskern *fast* jeder performativen Kunst steht die Illusion, dass die Dinge, die ich betrachte, tatsächlich im Moment geschehen. Diese Illusion einer zweiten Realität vermittelt sich zentral über den Live-Charakter der Reaktionen von Spielern, die ich als Betrachter erlebe. Der Begriff Muster umfasst eine Arbeit, in der dem angehenden Schauspieler ein Bewusstsein für seine eigenen habituellen Ausdrucksmuster vermittelt wird. Durch Lehre und bewusste Anwendung von Formparametern wie Rhythmus, Tonus, Dichte, Dynamik und Deutlichkeit wird der Schauspieler angeregt, sich mit *patterns* auseinanderzusetzen, die nicht seinen Gewohnheiten entsprechen. Damit eröffnet sich ein ungewohntes und breites Ausdrucksspektrum, das ihm vor Augen führt, auf welch engem Feld er sich bewegt, wenn er dem Impuls des ersten gewohnheitsmäßigen Angebots folgt. Grundlagenarbeit an Mustern bedeutet für mich im Weiteren, das Verhältnis vom Performer zum Betrachter praktisch zu thematisieren und sich eingehend mit der Frage zu beschäftigen: »Wer bin ich, wenn ich spiele?« Das heißt, welcher Anteil meiner Privatperson ist Material meiner Arbeit oder gründe ich meine Darstellung auf Beobachtung oder gar Abstraktion? In diesem Zusammenhang wird man schnell auf den altehrwürdigen Widerspruch des Schaffens »von innen« und »von außen« stoßen. Und Interpretation schließlich bedeutet, ein Bewusstsein dafür zu schaffen, dass sich die darstellerische Umsetzung nicht automatisch aus der Vorlage ergibt, sondern dass jede Umsetzung eine Interpretation ist, die sehr disparate ästhetische Ausformungen zur Folge haben kann.

Was denken Sie über Methodenvielfalt?
Methoden zielen ab auf Ästhetiken. Die Crux der Schauspielerausbildung nach einer bestimmten Methode ist, dass Lehrende mit der Vermittlung einer Methode, sei es bewusst oder unbewusst, gleichzeitig das Idealbild einer bestimmten Theaterform befördern. Das in den Methoden formulierte Instrumentarium wird einem gewissen Schematismus unterworfen, der immer schon einen konkreten Begriff vom ästhetischen Ergebnis hat. Das reiche Lehrgebäude eines Stanislawski dient plötzlich als Beleg für einen kleinteiligen Realismus, oder die profunden Erkenntnisse eines Jerzy Grotowski gerinnen zu einem Imitat von dessen Inszenierungen. Befragt man die Texte dieser Theoretiker, wird man feststellen, dass der Kern ihrer Lehren häufig viel grundsätzlicher gefasst ist, als deren Umsetzung auf dem Theater vermuten lässt. Schauspiellehre neigt aber häufig dazu, Methoden mit Ästhetiken zu verwechseln. Das Instrumentarium, das dem Studierenden an die Hand gegeben wird, zieht dann immer schon eine Interpretation nach sich. Diese Art von Lehre macht aus jungen Schauspielern schnell Dogmatiker, die sich mit einem Kanon von Begriffen davor zu schützen suchen, Risiken eingehen zu müssen. In dieser Hinsicht scheint – angesichts der oben skizzierten Polistilistik des zeitgenössischen Theaters – Methodenvielfalt der angezeigte Weg, um Schauspieler vor einem schmalspurigen Kunstverständnis zu schützen und auf die Praxis vorzubereiten. Führt man sich allerdings vor Augen, dass ein Schauspieler in einer heutigen Tschechow-Inszenierung mit der Aufgabe konfrontiert sein kann, in einem einzigen Auftritt vom rasend schnell entäußerten Text über ein tagesaktuelles Extempore zur Finanzkrise bis hin zum wahrhaftigsten Verzweiflungsausbruch und dann wieder zurück zu dessen Ironisierung spielen zu sollen, stellt sich schnell die Frage, mit welcher schauspielerischen Methode eine solche Aufgabe bewältigt werden soll. Die gelernten Begriffe – Haltung, Drehpunkt, Situation, was auch immer – greifen hier einfach nicht, und der Schauspieler hört vom Regisseur nur den Satz: »Mach doch einfach!« Diskussionen, die sich angesichts der Frage »was soll ich denn hier eigentlich spielen und warum?« entzünden, werden in ihrer Hilflosigkeit nur noch von ihrer Fruchtlosigkeit übertroffen: Einer Jelinek-Textfläche lässt sich mit dem Begriff Wahrhaftigkeit nicht beikommen. Jeder Versuch, in eine solche Aufgabenstellung mit herkömmlichen Begriffen Klarheit zu bringen, muss notwendig scheitern. Deshalb, Methodenvielfalt hin oder her: Solange der Stand der Schauspieltheorie sich einer Ästhetik verschreibt,

die dem *state of the art* des zeitgenössischen Theaters hinterherhinkt, bemisst sich der Wert einer Ausbildung allein am Horizont des Lehrers.

Ab wann sollten die Studierenden mit Methodenvielfalt konfrontiert werden?
Schauspielausbildung ist neben allen handwerklichen Aspekten eine Erziehung zu Individualität und Freiheit. Schauspielschüler sind in den ersten Semestern angesichts der Fülle von Feedback zunächst einmal verunsichert und suchen nach Regeln. Insofern ist es sicher von Vorteil, sie zunächst nicht mit zu viel Widersprüchlichem zu überfordern. Andererseits halte ich es für falsch, unter Grundlagenarbeit primär eine Vermittlung des Traditionellen zu verstehen. In diesem Sinne gilt es, in der Ausbildung mit einer Grundlagenarbeit zu beginnen, wie ich sie oben skizziert habe – ein Training der »Disposition zur Offenheit«, das versucht, sich möglichst unabhängig von bestimmten Ästhetiken zu machen. Methodenvielfalt hat dann einen Sinn, wenn man Methoden als ergebnisoffene Versuchsanordnungen begreift und nicht als Generalschlüssel. Im weiteren Studium sollte das Augenmerk dann weniger verschiedenen Methodiken gelten als vielmehr dem Bewusstsein für verschiedene ästhetische Lösungen. Dem würde man am ehesten gerecht, wenn Studierende sich im Studium mit unterschiedlichen Regiehandschriften auseinandersetzen müssen.

Eine Theorie, die den verwirrenden Ansprüchen eines zeitgenössischen Theaters gerecht werden will, muss Schauspielausbildung aber nicht vollkommen neu erfinden, denn grundsätzlich sind die Widersprüche, denen sich Schauspieler heute zu stellen haben, bereits in den theoretischen Schriften von Diderot über Brecht bis hin zu Keith Johnstone umfassend ausformuliert. Worum es heute geht, ist eher – wie es die zeitgenössische Inszenierungspraxis vormacht – ein freies Spiel mit den Traditionen und deren Rekombination. Das Motto dazu liefert wie immer Peter Brook: »Hold on tightly, let go lightly.«

Sybille Baschung

geboren 1972; Studium der Germanistik und Geschichte in Basel, währenddessen u.a. als Regieassistentin am Theater Basel; danach Dramaturgieassistentin und Dramaturgin am Theater Neumarkt in Zürich; seit 2001 Dramaturgin am Schauspiel Frankfurt, dort maßgeblich an Konzeption und Programmgestaltung der Spielstätte schmidtstrasse12

beteiligt; Lehrtätigkeit: seit 2006 Lehrauftrag für Inszenierungsanalyse an der HfMDK Frankfurt am Main.
Mit Beginn der Spielzeit 2010/11 startete das Schauspiel Frankfurt ein Studienprogramm zur Förderung von Nachwuchstalenten, deren Leiterin und Dramaturgin Sybille Baschung ist: Angehenden Schauspielern und Regisseuren bietet das Schauspiel STUDIO eine praxisbezogene Aus- und Weiterbildung im Festengagement für ein bis zwei Jahre. Sie wirken an Produktionen des Schauspiel Frankfurt mit und werden dabei von am Ort tätigen Künstlern begleitet und unterrichtet. Das Studio verbindet praktische Spielerfahrung mit individuell ausgerichteten Ausbildungsmodulen: Sprecherziehung, Gesangunterricht, Körperarbeit und Rollenstudium. Mindestens drei Jahre Studium an einer staatlichen Hochschule sind Grundvoraussetzung für die Teilnahme. Mit Einverständnis der jeweiligen Hochschule kann das letzte Jahr vor der Abschlussprüfung im Studio Frankfurt absolviert werden.

Was bedeuten Grundlagen der Schauspielkunst für Sie?
Ein ausgebildeter Schauspieler vermag sein ganzes Wesen – sein Denken und Fühlen, seinen Körper, seine Fantasie, seine Stimme und Sprache – kreativ als Arbeitsinstrument und Ausdrucksmittel auf der Bühne einzusetzen und in ein produktives Verhältnis zu verschiedenen anderen Komponenten einer Inszenierung wie Raum, Situation, Spielpartner, Objekte, Publikum, Text, eine fremde Fantasie usw. zu setzen. In der Wirkung überzeugt er oder sie, je nach Geschmacksrichtung der Betrachtenden, durch Authentizität und/oder technische Virtuosität, Intensität, absolute Präsenz, rasche Auffassungsgabe, die Fähigkeit zu einer schnellen, fantasievollen, spielerischen »Verwertung« frischer Informationen – und nicht zuletzt durch Persönlichkeit und Ausstrahlung.

Eine Grundlage dafür erscheint mir zunächst ein durch sinnliche Erfahrung erworbenes Bewusstsein für das eigene Arbeitsinstrument und dessen Ausdrucksmittel, die während des Studiums weiter ausgebildet werden. Zum Beispiel: Was bedeutet es, auf einer Bühne zu stehen, gehen, sitzen? Wie erspielt man sich einen Raum? Welche geistige Konzentration und Sensitivität lässt sich wie aktivieren, um die unterschiedlichen Zeichen und Vorgänge einer komplexen Bühnensituation aufzunehmen und mit ihnen umzugehen? Wie gelangt man zu gestischem Material? All dies erfordert unter anderem die Fähigkeit zu einer präzisen Wahrnehmung seiner selbst und der Umgebung – sowohl in der Spielsituation als auch der alltäglichen Wirklichkeit – und die Entwicklung der eigenen Beobachtungsfähigkeit und Vorstellungskraft. Die auf der Bühne auf unterschiedlichen Ebenen vermittelten und wahrgenommenen Zeichen bzw. Informationen im Kontext einer künstlich hergestellten oder vorgestellten Spielsituation einordnen zu können und darauf eine ästhetische, inhaltliche Antwort auf verbaler und/oder nonverbaler Ebene zu finden und zum Ausdruck zu bringen, gehört zu den weiteren grundlegenden Fähigkeiten, die etabliert werden müssen. Ebenso wie das Vermögen, den Umgang mit den darstellerischen Mitteln, die verschiedenen Schritte von Wahrnehmung bis hin zum Agieren so zu optimieren, dass in der Wirkung ein möglichst unmittelbares, gegenwärtiges Interagieren entsteht – auch in einer formalen Spielanordung. Ein weiterer grundlegender Aspekt des Spielens ist das Sich-Bewusstwerden über den eigenen Verantwortungsbereich – im Hinblick auf sich selbst, die Partner und somit auf die künstlerische Arbeit insgesamt.

Was denken Sie über Methodenvielfalt?
Da das zeitgenössische Theater geprägt ist von vielfältigen Arbeitszusammenhängen, sich widersprechenden ästhetischen und inhaltlichen Positionen und Praxen, halte ich es für unerlässlich, die Studierenden mit unterschiedlichen Methoden und Techniken des Spiels bekannt zu machen. Nicht zuletzt auch deswegen, weil ich davon ausgehe, dass die Fähigkeiten unterschiedlicher Spielerpersönlichkeiten durch verschiedene Methoden und Techniken auch unterschiedlich angesprochen und aktiviert werden und diese somit individuell produktiv gemacht werden können.

Wann sollten die Studierenden mit Methodenvielfalt konfrontiert werden?
Ich denke, dass beim Grundlagenunterricht ein methodischer Schwerpunkt gesetzt werden muss, über den an der jeweiligen Schule auch ein Konsens besteht. Das heißt, es müsste in der Folge möglich sein, dass die zukünftigen Rollenlehrer mit dem gewählten Schwerpunkt des Grundlagenunterrichts einerseits umgehen können, um andererseits in bewusster Abgrenzung davon die Studierenden mit anderen Methoden bekannt zu machen – tendenziell ab dem zweiten bis dritten Semester.

Michael Benthin

geboren 1958 in Hamburg; Schauspielausbildung an der Hochschule für Musik und Theater Hannover; danach Engagements u.a. in Karlsruhe, Hannover, Hamburg (wo er u.a. mit Michael Thalheimer und Stephan Kimmig arbeitete); 2006–2009 festes Ensemblemitglied des Deutschen Theaters Berlin; zur Spielzeit 2009/10 Wechsel ans Schauspiel Frankfurt, wo er zusammen mit Sibylle Baschung auch die Nachwuchsförderung am Schauspiel STUDIO betreut; neben der Theaterarbeit (bisher fünf Einladungen zum Berliner Theatertreffen) seit Mitte der Achtzigerjahre an über dreißig Film und Fernsehproduktionen beteiligt

Was bedeuten Grundlagen der Schauspielkunst für Sie?
Im klassischen Sinne kennt man die Grundlagenarbeit als Heranführung des jungen Schauspielers an den Beruf durch die verschiedenen technischen Fächer, wie Sprech-, Gesangs-, Körperunterricht, Improvisationen etc., die sich ja auch immer von Schule zu Schule unterscheiden. Dann geht es weiter bis zu den ersten Etüden, die gearbeitet werden, und den ersten Partnerszenen. So kenne ich Grundlagenunterricht.

Um eine Struktur, sprich einen Arbeitsalltag und eine Arbeitsentwicklung für die Anfänger zu etablieren, sind diese Fächer und Unterrichte sicher unabdingbar. Doch für mich bedeutet Grundlagenarbeit vor allem die Entwicklung von Persönlichkeit und Charakter. Wie kann ich durch die Grundlagenarbeit den Schauspielanfänger mit sich selbst konfrontieren und authentische Momente für die Bühne verfügbar machen? Weniger interessiert bin ich an der reinen Ausbildung der Mittel. Ob ein Schauspieler drei Brüche in zwei Minuten spielen kann, interessiert mich nicht so stark. Entscheidender ist es, die Lust zu fördern, sich zu entdecken und zu vergrößern.

Meine Ausbildung an der Hochschule für Musik und Theater Hannover z.B. war sehr projektorientiert und weniger verschult durch klassische Unterrichte wie den oben genannten. Wir arbeiteten von Anfang an themenbezogen. Das heißt, wir haben uns schon im ersten Semester zusammengefunden und inhaltlich Szenen zu einem Thema zusammengestellt und später dann schnell die verschiedenen Klassen durchmischt, um ganze Theaterstücke aufzuführen. Dadurch hatte man einen sehr praxisbezogenen Ablauf wie am Theater. Ich habe also schon während meiner Ausbildung in mehr als fünf Theaterproduktionen mitgewirkt, die nur in der eigenen Hochschule entstanden.

Einzelunterrichte gab es erst kurz vor dem Abschluss, dann allerdings intensiv.

So zu unterrichten ist nun nicht gerade die Regel an anderen Schulen. Da kennt man, denke ich, eher die klassische Variante mit vielen technischen Fächern, um dann zügig in den Einzel- und Partnerunterricht zu gehen.

Die Entwicklung einer Persönlichkeit geschieht durch die Auseinandersetzung des jungen Schauspielers mit dem Beruf und mit sich selber. Ich machte damals die Beobachtung, dass während der Ausbildung starke und einschneidende Veränderungen bei meinen Kommilitonen und auch bei mir selber stattfanden. Neben den persönlichen Veränderungen war es erstaunlich, wie sich z.B. die Stimme im Laufe der Ausbildung in Ausdruck und Farbe veränderte und zentrierte.

Neben den ersten Erfahrungen in den verschiedenen technischen Fächern waren für mich die persönlichen Begegnungen mit den Dozenten mindestens genauso wichtig. Was ich da mitgenommen habe an Gruppenprozessen, sozialen Interaktionen, Menschlichkeit und Kollegialität, Zuhören und Mut, sich an die eigenen Defizite zu wagen, sich überhaupt Kritik auszusetzen, intensive Probenprozesse, nicht zuletzt den Spaß, miteinander zu spielen – das ist für mich aus der heutigen Betrachtung viel lehrreicher für den Beruf und auch für mein ganzes künstlerisches Leben gewesen, als mir damals klar war.

Heutzutage, wo ich neben dem Beruf selber ausbilde, stehe ich oft vor Frage: Kann ich mir überhaupt sicher sein, dass die angehenden Schauspieler, die wir ausbilden, nicht in die Arbeitslosigkeit gehen? Die verschärfte wirtschaftliche Situation, der Abbau von Theatern und Vakanzen fördern den Druck auf den Schauspielschüler ebenso wie auf die Dozenten.

Trotz dieser Situation denke ich, dass die Schauspielausbildung für jeden, auch wenn er letztlich vielleicht nicht in dem Beruf landet, keine verlorene Zeit ist. Neben den handwerklichen Fähigkeiten, dem technischen Erlernen von Mitteln, um das eigene Instrument zu beherrschen, findet primär in der Grundlagenausbildung eine Auseinandersetzung mit sich selber statt, die man in keinem anderen Ausbildungsberuf erfährt. Das liegt sicher an der universellen Betrachtung des Einzelnen auf einer Schauspielschule. An der allumfassenden Begegnung mit sich selbst.

Die Erfahrung mit dem eigenen Körper, der eigene Stimme, die Auseinandersetzung mit Texten, das Schärfen von intellektuellen Horizonten, das »Wie schaue ich in die Welt und wie schaut die Welt auf mich?«. Welche andere Ausbildung bietet diese Vielfalt und persönliche Sicht auf den Studierenden?

Was denken Sie über Methodenvielfalt?
Methodenvielfalt ist erst einmal großartig. Ich bin damit selber während meiner Ausbildung in Berührung gekommen und habe verschiedene Dozenten mit unterschiedlichen Methoden erlebt. Je mehr die Studierenden mit unterschiedlichen Lehrern konfrontiert werden, umso reicher die Auseinandersetzung mit verschiedenen Ansätzen.

Wenn wir ehrlich sind, geht es doch jedem Lehrer, trotz verschiedener Methodikansätze, immer um die Authentizität, dass also der Zuschauer glaubt, was er auf der Bühne sieht. Erst einmal. Daneben gibt es dann natürlich noch ganz andere Ziele. Wie z.B. gehe ich mit Form um und bewahre trotzdem meine Angebundenheit an Situationen und Vorgänge etc.? Aber das führt jetzt zu weit. Jede Methode jedenfalls, die dabei hilft, dass ich mich als Schauspieler dort oben kennenlerne, meinen Impulsen vertraue, mich ausprobieren darf, Fehler machen kann, die die ganze komplizierte Palette der Rollenfindung also fördert, ist – schlicht gesagt – erst einmal gut.

Dann gibt ja auch noch ganz unterschiedliche Moderichtungen, die je nach Geschmack und Vorlieben angesagt sind. In meiner Ausbildung machte ich die Beobachtung, dass bestimmte Lehrer plötzlich nicht mehr angesagt waren, weil sie einen anderen oder einen unbekannten Ansatz unterrichteten. Das ist der ganz normale Wahnsinn, wie er in jeder Schauspielschule vorkommt. Nach einer Weile hat man sich dann aber doch wieder den alten Lehrern zugewandt, da man etwas vermisste und so weiter. Ich persönlich habe das immer genossen, mit möglichst allen Lehrern zu tun zu haben und von diesen zu profitieren. Ich hatte aber auch den Vorteil, von einem gleichberechtigten Kollegium ausgebildet zu werden und nicht einer Masse von Lehrbeauftragten gegenüberzustehen, die jedes Semester um ihre Weiterbeschäftigung bangen. Ein großer Stamm von festen, in ihren jeweiligen Methoden gleichberechtigten Professoren und Dozenten, die frei miteinander streiten und reden können, ist für mich das Credo einer guten Ausbildung. Das ist aus finanziellen Gründen in unseren Zeiten leider nicht mehr an allen Ausbildungsstätten realisierbar. Umso wichtiger ist es, gerade an solchen Schulen flache Hierachien ohne den Machtanspruch

Einzelner zu haben, sonst ist das offene Wort Makulatur. Dementsprechend tot wirken dann diese Schulen.

Wann sollten die Studierenden mit Methodenvielfalt konfrontiert werden?

Meine Diplomarbeit beschäftigte sich mit der Unterschiedlichkeit von Ausbildungsansätzen in einer konventionellen Ausbildung und dem Versuch, sich über Workshops und freiem Unterricht dem Schauspielberuf anzunähern.

Im Rahmen dessen habe ich mich damals viel mit der Strasberg-Methodik auseinandergesetzt. Interessant an dieser Lehrmethode ist die Sensibilisierung der eigenen Wahrnehmung von emotionalen Zuständen, das Wiedererleben einer vergangenen Erfahrung und natürlich die Abrufbarkeit dieser Erfahrungen für die Arbeit. Durch Entspannungstechniken ist laut Strasberg die Konzentrationsfähigkeit zu steigern. Um zu einem innerlichen Erleben der gespielten Situationen zu kommen, sind Erinnerungen an eigene Erlebnisse, die der gespielten Situation nahekommen, zentral. Die Emotionen dürfen nicht flüchtig bleiben, sondern müssen beherrscht und wiederholbar gemacht werden. Dies geschieht im Wechselspiel zwischen bewusster Vorbereitung und unbewusster Spontaneität. Strasberg unterschied dazu drei Arten der Erinnerung:

- *Affective memory* ist das Wiedererleben einer vergangenen Erfahrung. Diese Art Gedächtnis trainiert der Schauspieler, um Situationen wiederholbar zu machen.
- *Sense memory* ist die Erinnerung an eine Situation durch begleitende Sinneseindrücke, wie etwa das Geräusch des Regens oder Gerüche.
- *Emotional memory* ist die Erinnerung an komplexe Gefühle und damit die höchste Stufe des schauspielerischen Erinnerns, während sich *sense memory* eher auf einfache Wahrnehmungen wie Wärme oder körperlichen Schmerz bezieht.

Als Hindernis für den Schauspieler betrachtete Strasberg dessen Bewusstsein, vor einem Publikum zu stehen und sich (gesellschaftlich) verhalten zu müssen oder zu wollen. So verlieren die Emotionen Strasbergs Auffassung nach ihre Frische und Glaubwürdigkeit. Deshalb erfand er Übungen, die dem Schauspieler helfen sollen, das Publikum zu vergessen und sich stärker auf sich selbst zu konzentrieren. Eine davon nennt er *private moment*. Dabei wird ein privates Verhalten (das für Strasberg nicht gleichbedeutend ist mit dem bloßen Alleinsein) in Erinnerung gerufen und öffentlich wiederholt.

Ich habe damals an vielen Workshops mit Lehrern teilgenommen, die zeitgleich auch in New York unterrichtet haben. Der Strasberg-Ansatz bietet viele technische Übungen, durch die ich eine Menge gelernt habe. Und wenn man die Übungen distanziert betrachtet und sie im technisch-handwerklichen Bereich belässt, dann sind sie sehr hilfreich und ohne Weiteres auch für den Grundlagenunterricht geeignet. Solange aus dem Ansatz keine Religion gemacht wird, besteht auch keine Gefahr labile Strukturen bei Anfängern zu verstärken. Das gilt übrigens, denke ich, für jeden Ansatz. Sobald etwas für einen Schüler nicht funktioniert, sollte man sich immer davon verabschieden und nach einem neuen Weg suchen.

Grundsätzlich ist also Methodenvielfalt für mich an Lehrer und Dozenten gebunden und es gibt auch keinen zwingenden Grund, Zeiträume festzulegen, wann ein Schüler mit welchem Ansatz konfrontiert wird. Für mich steht in jeder Grundlagenausbildung, die ich als Dozent begleite, nur eines im Vordergrund: dem heranwachsenden Kollegen mit Respekt, Neugier und auf Augenhöhe zu begegnen. Alles andere ist Erfahrung, Zufall und eine Portion Glück. Entscheidend ist für mich nicht der virtuose, mit allen Mitteln versehene Schauspieler, sondern der interessante. Und das Interessante kommt nur durch die Freilegung des eigenen »So-Seins« zum Vorschein. Wichtig ist eben nicht nur der technisch gut ausgebildete Schauspieler, sondern der gewachsene Mensch. Um das zu erreichen, ist mir alles recht.

Karin Drechsel

Schauspiel- und Regie-Ausbildung an der Otto-Falckenberg-Schule in München; 1985–1987 Gastengagements am Staatstheater Hannover und am Modernen Theater München; 1987–1991 Regieassistentin am Thalia Theater Hamburg; seit 1991 freiberufliche Regisseurin; nominiert für den Künstlerinnenpreis 2007 in NRW; Lehrtätigkeit: 1999–2009 Dozentin für Szenischen Unterricht und Improvisation am Hamburger Schauspiel-Studio Frese, Wintersemester 2003/2004 Lehrauftrag an der Hochschule für Musik und Darstellende Künste Hannover, seit Wintersemester 2009 Dozentin an der HfMDK Frankfurt am Main

Was bedeuten Grundlagen der Schauspielkunst für Sie?
Alles hängt von den Grundlagen ab. Das Studium der Grundlagen ist *die* prägende Erfahrung: Ein junger, noch wenig erfahrener, talentierter Anfänger kommt an eine Schule und lernt Werkzeuge der künstlerischen Arbeit kennen. Wie kann ich an ein Stück, an eine Figur herangehen? Wie gehe ich mit mir, meinem Körper, meiner Stimme um? Welche Begrifflichkeiten gibt es? Was bedeutet Ausdruck? Was heißt Spiel? Was ist eine Situation? Was sind innere, was äußere Vorgänge? Was ist Improvisieren? Welche Wichtigkeit hat der Raum? Diese und natürlich in Folge immer mehr und immer differenziertere Fragen stehen am Anfang und sind elementar.

Gelingt die Grundlagenarbeit, steigt die Chance, den Studierenden zur eigenständigen Schauspielerpersönlichkeit auszubilden, die sich nicht nur in Abhängigkeit zur Regie und zum Kollegen begreift.

Was denken Sie über Methodenvielfalt?
Es ist unverzichtbar, dass es ganz unterschiedliche Methoden gibt und dass die Studierenden diese Methoden kennenlernen und sich damit auseinandersetzen. Das ist unabdingbar zur Vorbereitung auf den Berufsalltag. Die allein selig machende Methode gibt es auch im Schauspielbereich nicht, ebenso wenig wie in anderen Bereichen.

Jenseits des psychologischen Weges gibt es u.a. die Möglichkeiten, über Abstraktion, Reduktion oder rein körpersprachliche Mittel eine Figur zu zeigen. Glücklicherweise gibt es sehr viele Zugänge zu dem Beruf des Schauspielers – wichtig ist es, den entsprechenden für den individuell auszubildenden Studierenden zu finden.

Die unterschiedlichsten Ansätze kennenzulernen bedeutet auch, mehr Werkzeuge für die Gestaltung zur Verfügung zu haben. Das gehört genauso wie eine fundierte Grundlagenarbeit zum Schauspielstudium dazu.

Ab wann sollten die Studierenden mit Methodenvielfalt konfrontiert werden?
Nicht zu früh, da zu Beginn jeder neue Begriff Verwirrung auslöst und sie viele, viele Prozesse der Bewusstwerdung durchleben. Ich halte es für sinnvoll ab dem Ende des zweiten Studienjahrs. Es lässt sich vielleicht mit dem Erlernen einer Sprache vergleichen: Am Anfang lernt man die Regeln und wendet sie an – erst später die Ausnahmen und schwierige unregelmäßige Wendungen. Letztlich ist das eine didakti-

sche Entscheidung, und die hängt natürlich vom Profil der Ausbildung ab.

Anita Iselin

geboren 1968 in der Schweiz; Schauspielausbildung an der Hochschule für Musik und Darstellende Kunst in Graz; Stationen als Schauspielerin: Braunschweig, Ulm, Neumarkt Theater Zürich, Bayerisches Staatsschauspiel München, Schauspiel Frankfurt, Deutsches Theater Berlin; Lehrtätigkeit: seit 2007 Dozentin an der HfMDK Frankfurt am Main und seit 2010 an der Staatlichen Hochschule für Musik und Darstellende Kunst Stuttgart

Was bedeuten Grundlagen der Schauspielkunst für Sie?
In der Arbeit an den Grundlagen der Schauspielkunst sollten die Studierenden ein szenisches Rüstzeug erhalten. Sie sollten lernen, was es heißt, auf der Bühne zu denken und aktiv konkrete Vorgänge zu entwickeln. Sie sollten nach den Erfahrungen des Grundlagenseminars in der Lage sein, eine Figur nach ihren Handlungsmotiven, ihrer Ausdrucksart, ihrer Körperlichkeit soweit untersuchen zu können, dass sie eigenständig auf der Probe improvisieren können. Allgemein nennt man das: die W-Fragen stellen – wer macht was, wann und warum etc. (Unbestritten gibt es noch viele andere Möglichkeiten, die Studierenden zu den gleichen Erkenntnissen und Ergebnissen zu führen, mir ist aber bis heute keine andere Methode schlüssiger erschienen.) Die Beantwortung der W-Fragen ermöglicht den Studierenden, sich aktiv auf der Probe mit den konkreten Gedanken und den entsprechenden Empfindungen einer Figur auseinandersetzen zu können. Der Studierende wird im Grundlagenseminar mittels der W-Fragen befähigt, Vorgänge zu entwickeln und Drehpunkte zu finden. Hat der Studierende im Grundlagenunterricht ebenfalls die glückliche Erfahrung gemacht, was es heißt, die eigene Fantasie anzukurbeln und in kleinen Alltagsszenen in Vorgänge umzusetzen, wird es ihm in den späteren Szenenstudien leichterfallen, Spielmaterial aus dem vorliegenden Text heraus und mit der eigenen Fantasie aus der Figur heraus zu finden. Wenn sich die Studierenden von Beginn des Grundlagenseminars an mit den W-Fragen beschäftigen, können sie in den weiteren Szenenstudien selbstverständlich damit arbeiten, so dass die Vertiefung einer Figurensuche im Autorentext der weitere Schritt sein kann.

Die Improvisation, die von einem Anfangsmoment einer Situation zu deren Endmoment führt, kann und müsste eigentlich im Grundlagenseminar erfahrbar gemacht werden. Der Studierende kann zwischen diesen beiden Punkten frei improvisieren, ohne dass er sich vorher etwas vornimmt. Das Spiel zwischen den beiden Fixpunkten ist absolut sein eigenes Fantasie- und Arbeitsprodukt. Er macht die Erfahrung, sich eine Situation vorzustellen und sich ihr auszusetzen. Wenn im weiteren Improvisieren aus gefundenen Vorgängen mehr Fixpunkte dazukommen, kann der Studierende lernen, diese zu reproduzieren. Diese ganzen Punkte bedeuten für mich das szenische Rüstzeug. Es braucht vermutlich nicht erwähnt zu werden, dass die Körperarbeit und die Sprech- und Stimmarbeit in den jeweiligen Unterrichten ebenfalls dazugehören.

Die Verbiegung und Brechung einer jungen Persönlichkeit halte ich für wertlos. Vielmehr ist die Sensibilität eines Pädagogen gefragt, einen angstfreien Raum zu schaffen, in dem vor allem erst mal Spaß an der Sache vorherrscht. Ich halte Freude und Humor im Unterricht für große Inspirationsfelder. Lockerheit und gute Stimmung sind ein fruchtbarer Boden, damit die Studierenden sich öffnen und einlassen können. Grundlagenstudierende sind vielfach noch sehr mit ihrem privaten Spiel konfrontiert und neigen dazu, sich in Gefühlen geradezu zu verlieren. Sie lähmen sich in ihrem eigenen ungefähren Spiel. Sie sind dann nicht in der Lage, aktiv auf der Bühne zu handeln und gedankliche und tätige Vorgänge zu erfinden. Es bedarf beim Pädagogen einer großen Liebe zu den Studierenden und zu seiner eigenen Aufgabe sowie einer weisen Zeiteinteilung, um das Wesen eines jungen Studierenden in seiner Entwicklung nicht zu hemmen und nicht zu forcieren. Stattdessen geht es im Grundlagenseminar darum, den Studierenden eine Ahnung davon zu vermitteln, wie sie allmählich vom privaten Spiel zu einem persönlichen Spiel gelangen. Eine Persönlichkeit nicht brechen, sondern sie ausbilden. Im Grundlagenunterricht können die Weichen gestellt werden für eine aktive, selbstständig probierende Arbeit des Schauspielers.

Was denken Sie über Methodenvielfalt?
In meiner Wahrnehmung gibt es an den Schauspielschulen im deutschsprachigen Raum, ganz grob gesagt, zum einen die Richtung, die nach dem Denken einer Figur sucht, und zum anderen die Methode, die sich über Gefühle, Stimmungen, Erinnerungen und Zustände einer Figur

dem Spiel nähert. Und darüber hinaus gibt es bestimmt noch zig andere Methoden, die zwar mehr zu der einen oder der anderen tendieren, aber jeweils noch etwas dazutun, etwas anderes im Hintergrund lassen und vieles mehr. Es geht auch nicht darum, diese Methode in Frage zu stellen oder jene zu befürworten, sondern um die Frage, ob eine Methodenvielfalt an einer Schule nicht nur gutgeheißen, sondern vor allem provoziert werden soll.

Wenn eine Schauspielschule unbedingt eine Methodenvielfalt sucht, in deren Ansätzen zwei völlig entgegengesetzte Grundhaltungen zum Spiel enthalten sind, dann halte ich das für ungünstig und vor allem für unnötig. Ich versuche, das zu erläutern: Wenn ein aufbauender Unterricht stattfinden soll, in dem die Studierenden sich sicher fühlen, kann eine bewusst provozierte Methodenvielfalt Irritationen nach sich ziehen. Angesichts all des Neuen, mit dem sie sich im Grundlagenseminar auseinandersetzen müssen, mit dem sie grad erst konfrontiert wurden, würde dies den Boden, auf dem sie ihre ersten Schritte tun, ins Wanken bringen. Ich halte es für maßgeblich, dass sich eine gewisse etablierte schauspielerische Methode durch die Unterrichte zieht.

Auch halte ich bewusst geförderte Methodenvielfalt für überflüssig, weil diese sich dem Studierenden im Laufe des Studiums sowieso durch die verschiedensten Dozenten eröffnet. Jeder Dozent spricht eine eigene Sprache und hat eine andere Art, an eine Szene heranzugehen und einem Studierenden zu helfen. Grundsätzlich sollten die Dozenten einer Schule einig darüber sein, was im Grundlagenunterricht etabliert wird und woran und auf welchem Weg sie dann wie weiterarbeiten, auf was sie bauen können, was ist schon da, was noch fehlt, ohne dass sie das vom Studierenden Gelernte über Bord werfen müssen. Wichtig ist jedoch der Hinweis, dass mit und dank diesem fundierten Grundlagenmaterial jetzt weitere neue Wege beschritten werden können. So kommt der Studierende auch nicht in die Situation zu glauben, sein Fundament wie ein Dogma verteidigen zu müssen, sondern er kann sich frei und mit einer gewissen Rüst(zeug)igkeit dem Neuen öffnen.

Wann sollten die Studierenden mit Methodenvielfalt konfrontiert werden?

Wie oben schon erwähnt, werden die Studierenden, sobald sie in die Szenenstudien gehen, ganz natürlich mit der Methodenvielfalt konfrontiert. Es ist sicher von Vorteil, sie während des Grundlagenseminars darauf hinzuweisen, dass es noch andere Wege gibt, die ebenfalls

»nach Rom« führen und denen sie auch in der Studienzeit schon begegnen werden. Wichtig ist zunächst, dass sie ein Fundament haben, auf das sie bauen können. Ein Fundament, das sie flexibel zu handhaben in der Lage sind.

Andreas Neckritz

geboren 1979; nach Fachabitur, Wehrdienst und Zimmermannslehre Studium an der Hochschule für Schauspielkunst »Ernst Busch« Berlin, 2006 Abschluss als Diplom-Schauspieler; danach Engagements am Staatstheater Karlsruhe und am Staatstheater Oldenburg sowie bei Film und Fernsehen; Leitung von Schauspielworkshops

Was bedeuten Grundlagen der Schauspielkunst für Sie?
Grundlagenarbeit ist die Arbeit am Handwerk. Um in dem Beruf Schauspieler überleben zu können, brauche ich Handwerkszeug, sonst überstrapaziere ich das Material, das in dem Fall ich selber bin. Es ist noch kein Meister vom Himmel gefallen, und auch der Künstler braucht Know-how. In jedem Beruf, egal ob Zimmermann oder Arzt, sichert eine qualitativ hochwertige Ausbildung die Standards. Ich bin ausgebildeter Zimmermann, und deshalb weiß ich um die einzelnen Schritte des Erlernens von handwerklichen Grundlagen. Zunächst geht es erst einmal um das Erkennen des Grundproblems, z.B.: Ich muss ein Fenster aus der Verankerung nehmen, um dann ein neues Fenster einzusetzen. Die nachfolgenden Schritte müssen klar und vor der Ausführung genau überlegt sein, sonst kann ich nicht fachmännisch arbeiten und lande beim Pfusch. Damit ich das neue Fenster also richtig verankern kann, so dass es wirklich dicht hält, brauche ich grundlegendes Wissen und das optimale Werkzeug. Beim Schauspielen, bei dem ich sowohl Handwerker als auch selber das Material bin, liefert die Grundlagenarbeit beides, die Kenntnisse und Fertigkeiten.

Was denken Sie über Methodenvielfalt?
Es gibt viele Methoden, einen Nagel in eine Wand zu schlagen, aber nur eine, die wirklich Sinn hat. Es ist am besten, wenn der Hammer senkrecht auf den Nagel auftrifft. Das ist Fakt.

Das gilt für mich genauso für den Beruf des Schauspielers. Für mich beinhaltet die Arbeit des Schauspielers die Suche nach der Situation, nach Vorgängen, Absichten, Haltungen und das Herausarbeiten der

Gedanken und Handlungsstrukturen der Figur. Wichtig ist auch, mich selber als Schauspieler ernst zu nehmen und mich als aktiven, politisch denkenden Menschen verantwortlich in die Produktion einzubringen. Das setzt natürlich voraus, dass der Regisseur mir auf Augenhöhe begegnet und ich als Schauspieler mich als gleichwertigen Partner im Produktionsprozess begreife. Das dazu nötige schauspielerische Selbstvertrauen hängt ebenfalls mit dem Beherrschen des Handwerks zusammen.

Mit was für unterschiedlichen Methoden sind Sie denn bisher in Berührung gekommen, und wann sollte im Studium die Konfrontation mit Methodenvielfalt stattfinden?
»Sei du selbst!« Das ist mir als eine sogenannte Methode begegnet. Diese »Methode« bedeutet aber in Wahrheit Hilflosigkeit. Zunächst einmal ist die Forderung »sei du selbst« eher eine Anmaßung als eine Regieanweisung. Und darüber hinaus frage ich mich natürlich, wer bin ich denn? Zumindest neurobiologisch gibt es gar kein kohärentes »Ich«, und die Konstruktion, die ich als mein Ich begreife, ist privat und hat höchstens partiell etwas mit der Figur zu tun, die ich spiele. Wenn der Regisseur sich also für seine Arbeit auf dieses private und fragile Ich-Konstrukt des Schauspielers berufen will, kann ich nur annehmen, dass er nicht über das nötige Wissen verfügt, um professionell zu arbeiten. Des Weiteren begegneten mir Forderungen wie: »spring rum« oder »lauter/leiser«, auch der Hinweis: »du musst mehr fühlen« kombiniert mit der Forderung: »denk an dein schlimmstes Erlebnis«. Auch das ist für mich Ahnungslosigkeit. »Regisseur« ist genauso wie »Schauspieler« keine geschützte Berufsbezeichnung, aber trotzdem gibt es Regiehandwerk, und die nicht immer einfache Kommunikation zwischen Regisseur und Schauspieler sollte auf einem gemeinsamen professionellen Verständnis beruhen. Das Grundmaß für jedes Haus, ob Platte oder Hundertwasser, beruht auf dem Zollstock. Das zumindest muss auch der Bauleiter wissen, zumal für das doppelte Gehalt.

Die Konfrontation mit verschieden Methoden sollte frühestens nach dem zweiten Studienjahr stattfinden. Nach einem erfolgreichen Vordiplom. Zwei Jahre braucht es mindestens, um eine Methode so zu verstehen, dass sie Teil von einem selber wird, um diese Methode also zu »verstoffwechseln«.

Über die Autorinnen

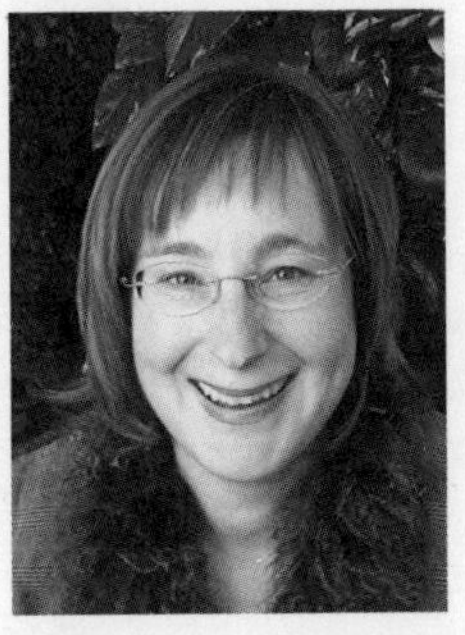

Margarete Schuler, geb. 1966, ist Professorin an der Hochschule für Schauspielkunst »Ernst Busch« Berlin. Im Anschluss an ihr Magisterstudium der Philosophie in Innsbruck studierte sie 1990 – 1994 Schauspiel an der »Ernst Busch«, wohin sie, nach erfolgreichen Jahren als Schauspielerin an den Theatern in Tübingen und Graz, als Dozentin zurückkehrte. Seit 2002 hat sie hier eine Professur für Schauspiel inne. Sie war Prorektorin und leitet zurzeit die internationalen Angelegenheiten der Schule. Im Rahmen dessen gab sie Workshops und Meisterklassen an den Universitäten von Peking, Shanghai, Moskau, Lima, Oslo und Sidney und führte Regie bei mehreren Festivalproduktionen. Neben der Arbeit an Szenenstudien für alle Studienjahre leitet Margarete Schuler seit elf Jahren ein Grundlagenseminar an der HfS »Ernst Busch«.

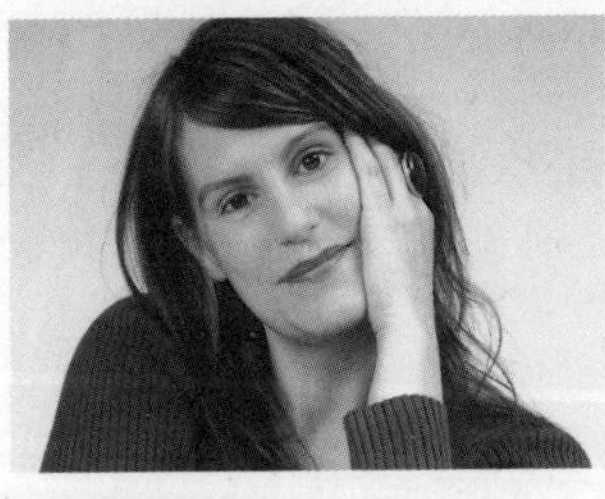

Stephanie Harrer, geb. 1973, arbeitet seit ihrem 19. Lebensjahr am Theater. Nach zwei Jahren als Regieassistentin am Landestheater Detmold absolvierte sie 1994 – 1998 ein Schauspielstudium an der Hochschule für Schauspielkunst »Ernst Busch« Berlin. Es folgten Engagements u. a. am Badischen Staatstheater Karlsruhe, am Hessischen Staatstheater Wiesbaden, beim Festival Theaterformen in Hannover und am Staatstheater Braunschweig. Sie spielte zahlreiche Hauptrollen, entwickelte szenische Projekte und führte Regie. Regelmäßig besucht sie Seminare bei Keith Johnstone. Seit 2007 unterrichtet sie szenische Grundlagen sowie Szenen- und Monologstudien, dies an der HfS »Ernst Busch« und an der Hochschule für Musik und Darstellende Kunst Frankfurt am Main. Neben dem Unterrichten ist sie weiterhin als Schauspielerin tätig. www.stephanieharrer.de

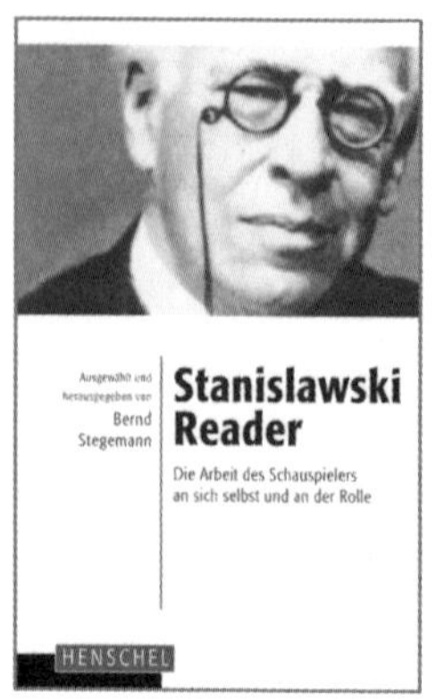

Das »Stanislawski-System« ist das Resultat von Stanislawskis lebenslanger Arbeit als Schauspiellehrer und Regisseur. Zahlreiche Methoden und Schulen haben sich aus seiner Lehre entwickelt und noch heute berufen sich prominente internationale Theater- und Filmstars auf seinen Schauspielansatz. Aus den wichtigsten Texten Stanislawskis sind hier die prägnantesten Passagen für die Entwicklung der schauspielerischen Individualität und ein effektives Rollenstudium ausgewählt und kommentiert.

Konstantin Sergejewitsch Stanislawski
Stanislawski-Reader
Die Arbeit des Schauspielers an sich selbst
und an der Rolle
432 Seiten
ISBN 978-3-89487-574-9

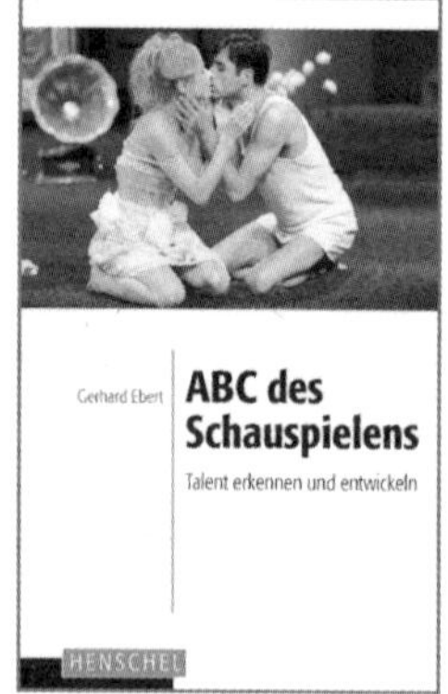

Eine kompaktes, gut verständliches Handbuch für alle, die Schauspieler werden oder als bereits im Beruf stehende Profis ihr Know-how auffrischen wollen. Der Autor beschreibt eine in der Praxis bewährte Methode des Schauspielens, basierend auf dem Wesen des schauspielerischen Schöpfungsaktes. Dabei ist er offen gegenüber allen Stilen und Moden in der wechselhaften Geschichte der Theaterkunst.

Gerhard Ebert
ABC des Schauspielens
Talent erkennen und entwickeln
160 Seiten
ISBN 978-3-89487-474-2